普天之下·盡是好書

普天出版家族 Popular Press Family

凌雲 A-Plus Creative Company 文創

用積極的心態，改變自己的未來

讓將來的你，感謝現在的自己

There is No Excuse

The key of Success

向愷然=編著

作家哥爾斯密曾經寫道：
「不論在那裡，不論你是誰，自己的幸福要靠自己去創造、去尋覓。」

人生本來就充滿選擇，如何面對發生在自己眼前的事情也是一種選擇，
你的態度將決定你未來的人生道路。
當你徬徨、迷惑，不知道自己該往何處走的時候，千萬不要心慌意亂，
先讓失去方寸的心冷靜下來，然後問問自己問題到底出在哪裡，要如何解決。
要用積極的心態，改變自己的未來，讓自己人生路途豁然開朗。

• 出版序 •

讓將來的你，感謝現在的自己

人生就像深水奔流，如果沒有暗礁，就難以激起美麗的浪花；不曾嚐過痛苦，就不會有苦盡甘來的甜美感受。

思想家盧梭曾經寫道：「如果一個人打從心底就懼怕痛苦、懼怕困難、懼怕不測的事情，永遠也成就不了什麼大事。」

假如遇到困局、難題就選擇逃避，內心充斥著「辦不到」、「不可能」……等等負面想法，最後自然辦不成那些事情。

人生難免會遭遇讓自己擔心、畏懼的事情，選擇逃避雖然很容易，但只會害你被現實環境淘汰出局。

就像拿破崙所說的：「勝利必定屬於最堅忍的人」，如果你因爲遍尋不著人生的「金剛鑽」而心灰意冷地放棄不幹，那麼，也許就在你沮喪氣餒的同時，幸運之神已經與成功擦身而過。

二十世紀五〇年代，盛傳有人在委內瑞拉山區發現金剛鑽而發財致富，一個叫做費爾·沙萊諾的年輕人聽到這個消息，便和兩個朋友興致勃勃地結伴深入委內瑞拉山區。

他們抱著無限的希望和信心，來到傳說中發現金剛鑽的河床，便迫不及待地開始淘金，撿起一顆顆鵝卵石仔細觀察。然而，三個人廢寢忘食地挑揀石頭，不知不覺間幾個月過去了，衣衫襤褸了，鞋帽也磨破了，仍舊沒發現金剛鑽的蹤影。

有一天，費爾·沙萊諾精疲力盡地坐在佈滿砂礫的乾枯河床上，對著身旁的兩位伙伴說：「喂！我們乾脆回去吧，再找下去也不會有結果，你們看，我已撿了九十九萬九千九百九十九萬鵝卵石了，可是還是尋不到一塊金剛鑽！因此，我決定不幹了！」

這時，有一個伙伴帶著戲謔的口氣說：「你要回去之前，乾脆再撿一顆，湊個整數嘛。」

沙萊諾不以為意，也用同樣戲謔的口氣回答：「好吧！我就再撿一塊，湊足一百萬顆！」

他閉著疲累的眼睛，隨手在一堆鵝卵石中摸出一顆雞蛋大小的石頭，笑著說：「就拿這顆充作第一百萬顆吧！」

可是，沙萊諾臉上的笑容煞那間僵住了，因為他感覺到手中的石頭，比普通的鵝卵石沉重許多。他連忙張開眼睛一看，隨即高興地叫起來了：「哇！這是一塊金剛鑽！」

後來，紐約珠寶商哈萊．溫司頓開出二十萬美金的價錢，買下了這第一百萬顆的「鵝卵石」，並且命名為「釋放者」。截至目前為止，它仍是世界上體積最大、質地最純的金剛鑽。

俄國作家斯坦尼斯拉夫斯基在《我的生活藝術》裡勉勵我們說：「必須從無

路可通的叢莽中披荊斬棘，覓尋一處可以發現金沙的所在，然後淘盡了數百斤沙石，希望至少找到幾粒金屑。」

如果說人生是一條迤邐蜿蜒的長河，那麼，大多數人都像費爾．沙萊諾一樣，在河床上摸摸索索，想尋獲改變自己生命際遇的「金剛鑽」。

最後的一塊鵝卵石使沙萊諾瞬間致富的故事勉勵我們，凡事在想要放棄之前，不妨勉強自己再多堅持一下、努力一下。只要你多一分鐘努力，就能使自己多一分成功的可能。

一個人能不能活得快活，關鍵往往在於是否願意忍受短暫的不如意。

不曾含淚面對挫折的人，很難體會歡笑收割的快樂。人生就像深水奔流，如果沒有暗礁，就難以激起美麗的浪花；不曾嚐過痛苦、折磨，就不會有苦盡甘來的甜美感受。

要讓將來的你，感謝現在勇敢、堅強、堅持的自己！與其擔憂、退縮、患得患失，不如鼓勵自己提起勇氣面對，把眼前的困局當成蛻變的難得機會。

PART—1 勇敢把自己的缺點秀出來

英國小說家傑羅姆在《閒人閒思》中寫道：「我們是通過各自的缺陷和弱點，而不是通過各自的優點，才相互產生交流和共鳴的。」

PART—2

活著不是為了痛苦

蘇聯作家杜金說：「一切要來的都在未來，一切已逝的都在過去。未來不在命運之中，而在我們自己手中。」

PART—3

不要替困難找藉口

作家尤．特里豐諾夫曾經寫道：「你想要達到什麼目的，就要把所有的力氣，所有的手段，所有的條件，所有的一切都花上去，要盯住不放！」

PART—4

改變心情，坦然面對人生

法國文豪羅曼羅蘭在《約翰·克利斯朵夫》裡寫道：「痛苦這把犁刀一方面會割破你的心，一方面也會掘出了生命的新水源。」

PART—5

只要有決心，就一定能美夢成真

美夢破碎了又如何？人生的旅程仍得繼續前進，即使再回到原點又如何？你怎麼知道，這說不定是我們夢想人生的開始？

PART—6

機會總是出現在轉念之間

沒有人能預料到機會何時會出現，但很多時候，機會只在你的轉念間，一個轉念，機會便能掌握在手中，一個轉念，也會是個錯過。

PART—7

改變想法，就會有不一樣的活法

在非常時候要有非常鎮定的判斷力，更要有毫不遲疑的行動力，一旦猶豫，即使只有一秒，也可能會是最關鍵性的一秒。

PART— 8

把握當下才能創造未來

無論昨日成功或失敗，並無法預測你明天是成功還是失敗，因為生活只有當下，人生也只有現在和未來。

PART—9

以變通的思維找出成功的機會

面對失敗，要以變通的思維去規劃自己的未來，只要心中的信心未減，好好地實踐自己的致勝概念，機會絕對會俯拾可得。

PART—10

先做好準備，才能放心面對

做好準備，才能臨危不亂！想輕鬆前進，想充分表現自己的能力，那麼在機會或危機來臨前，便要做好充足準備。

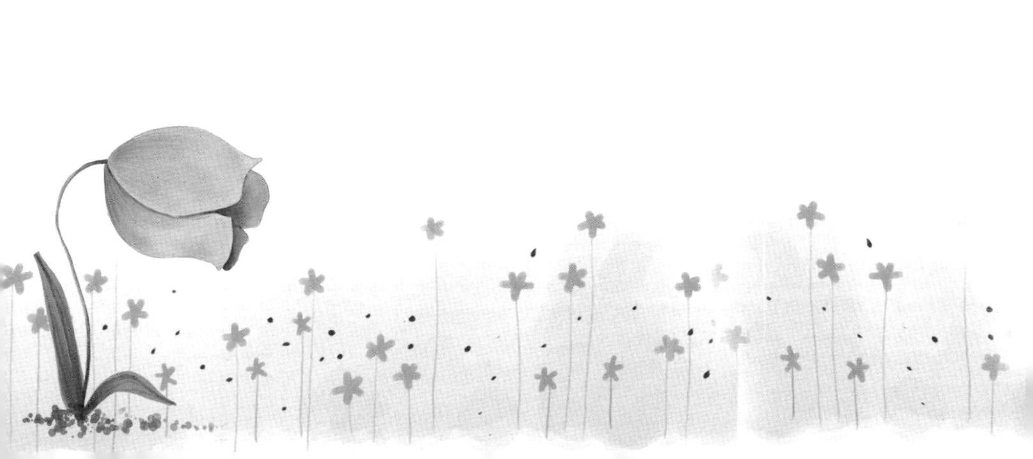

PART—11

充滿活力，就會激發自己的潛力

在每個人的身上，都有著這樣一個因子，讓我們在失意時，可以支持我們重新站起，讓我們在跌倒時，能再次振作起來。

1.

勇敢把自己的缺點秀出來

英國小說家傑羅姆在《閒人閒思》中寫道：

「我們是通過各自的缺陷和弱點，

而不是通過各自的優點，

才相互產生交流和共鳴的。」

制定短期目標，才能完成長期目標

美國激勵大師戴爾·卡耐基曾說：「一個目標達到之後，馬上立下另一個目標，這就是成功的人生模式。」

目標確立與否，對一個人能不能成功，扮演著十分重要的作用。

但是，一個偉大目標的達成，往往需要經過一段相當漫長的時間，不是一蹴可幾的。

因此，在通往長遠目標的過程中，如果能加以拆解，分別制定出一些短期目標，不但對於達成最後的目標有所幫助，也能使自己不至於因爲漫長時間的煎熬而逐漸留失了熱情。

某一年的夏天，有一個衣衫襤褸的年輕人，常常落寞地站在車水馬龍的紐約街頭，毫無目的地張望著眼前不斷流晃的景物。

然而，熙來攘往的人潮、車潮和周遭繁華的街景，絲毫無法引起他的興致，因為他由於和上司吵架，被報社開除，到其他報社求職又四處碰壁，失業將近半年了，生活正陷入窘境。

不過，心性高傲的他很不甘心，打從心裡就抗拒從事那些卑微的工作來改善目前的處境。

這一天上午，這個年輕人又為了逃避房東催繳房租的苛薄言語，漫無目標的在街上遊蕩。

就在中午時分，突然有一個衣冠楚楚的人叫住了他，他連忙轉頭一看，原來是自己當記者時認識的一位著名企業家。

年輕人感到相當驚訝，沒想到這個企業家竟然還記得自己。

企業家一眼就看出這個年輕人的生活近況不佳，於是邀請他一起步行到華爾街自己的公司聊聊。

在炎炎夏日的中午，步行到相隔六十個街口的華爾街，無疑是件相當吃力的事。這個年輕人聽了甚感驚訝，心中不禁懷疑這個有錢有勢的企業家為什麼不搭計程車。

企業家看著他吃驚的表情，並不多加解釋，只是笑著對他說：「其實，我們只要經過五個街口，就可以走到六號街的遊藝場。」

這個年輕人聳聳肩，聽從了企業家的建議，於是兩人很快就走到了六號街。企業家隨即又對年輕人說，這次要只要再經過十個街口，就可以到達某某地方，於是兩人又向前走去，一下子就又到了目的地。

就這樣，企業家帶著年輕人一段路一段路不停地走，不知不覺中竟然走過了六十個街口，抵達了華爾街。

這時，這個年輕人終於領悟了企業家的一番苦心，於是鼓起勇氣說：「我想到您的公司任職，希望您給我一次機會，我願意從最基層的職務做起，認真學習每一項事務。」

十年之後，這個年輕人終於成了華爾街知名的企業家。

美國激勵大師戴爾·卡耐基曾說：「一個目標達到之後，馬上立下另一個目標，這就是成功的人生模式。」

不論多麼遙遠的距離，只要經過一段一段的劃分，也不過是一小段一小段路程的總和而已。

所謂「聚沙成塔，聚水成川」，不就說明了所有的成功都是由無數的小目標組成的嗎？

任何的成功人士都具備這種體認，所以他們才能一步一步的持續往前邁進，最終走到自己的目的地。

當你的生活陷入困頓，或是工作進行不順暢，內心充滿無力感的時候，不妨換個做法，暫時將你的大目標加以細分，如此一來你就會發現，想要達成自己的目標，其實並沒有想像中沒那麼困難。

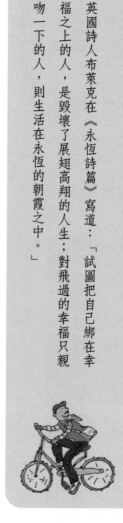

你的快樂只是一場夢幻？

英國詩人布萊克在《永恆詩篇》寫道：「試圖把自己綁在幸福之上的人，是毀壞了展翅高翔的人生；對飛過的幸福只親吻一下的人，則生活在永恆的朝霞之中。」

德國哲學家叔本華曾說：「通往幸福最錯誤的道路，莫過於名利、享樂和奢華的生活。」

但是，在龐大的慾望之前，人通常是愚騃無知的。很多人爲了追逐金錢、權力、地位，不惜犧牲自己所擁有的美好東西，譬如健康、自由、幸福與快樂……等等。

很多人都認爲，只要自己達成願望，就是天底下最富足、最快樂的人，但是，

當他們如願以償的時候，反而變得更不快樂，因爲他們心中湧出了更龐大的野心和慾望。

古時候的獵人常常利用猴子的貪婪習性，輕而易舉地將牠們捕捉。這種方法非常簡單，卻非常有效。

狩獵的人只要在猴群出沒的地方，裝設一個特殊的籠子，籠口只容猴掌伸入，然後在裡頭擺一顆水果。猴群一聞到水果的香味，就會爭先恐後地從樹上跳下來，搶著將手伸入籠子。當捷足先登的猴子將手伸進籠內抓住水果時，就會因為洞口太小，無法將手抽出，而被困在原地。

其實，只要猴子毅然把水果放下，就可以安全脫身，但是，大部分的猴子卻只會暴跳如雷地在原地掙扎，即使到了獵人走到眼前的那刻，手還是緊緊握住水果不放。

可悲的是，其餘在樹上眼睜睜看著同伴被捉的猴子，從不曉得記取發生在眼前的一幕幕慘痛教訓，一聞到水果香味，仍舊忍不住要從樹上跳下來，手還是忍不住要往籠子裡伸，到頭來當然難逃被捕的命運。

或許，你會認為這些被捕的猴子實在太過貪婪、愚蠢了，竟然會為了一顆水果而犧牲寶貴的性命，然而仔細想想，絕大多數的何嘗不像猴子一般，因為貪婪而變得愚蠢，甚至為了追逐眼前的蠅頭小利而甘願身陷囹圄。

英國詩人布萊克在《永恆詩篇》寫道：「試圖把自己綁在幸福之上的人，是毀壞了展翅高翔的人生；對飛過的幸福只親吻一下的人，則生活在永恆的朝霞之中。」

假如到達成功的道路過於崎嶇峻峭，人就有瞬間失足墜亡的危險，同樣的，如果一個人的慾望與野心過於龐大，那麼，他汲汲營營所獲得的成功，自己可能無福消受，這樣的幸福快樂與夢幻泡影又有什麼差別？

千萬不要讓自己變成那些短視近利的猴子，因爲想要快樂一下子而痛苦一輩子。假使你不想下半輩子活在「牢籠」之中，那麼就應該勇敢拒絕誘惑，放棄眼前那些對你散發香味的「水果」。

你為什麼老是想當別人的影子？

愛因斯坦在《我的生活觀》一書中說：「一個人的真正價值，首先決定於他在什麼時候和什麼程度上，從自我解放出來。」

法國作家羅曼羅蘭曾說：「人必須賞識自己，把嫌棄、畏縮、自卑……等壓迫自己的負面想法拋棄，否則，你就註定一輩子當個平庸的人。」

不要浪費時間去在乎別人如何看待自己，世俗的評價不一定正確，你也沒必要活在世俗的眼光下，只要相信自己就算眞的「一文不值」，那也是無可取代的存在，唯有如此，才能活出迥然不同的精采未來。

唯有適時解放自己，從自卑怯懦、憂讒畏譏的負面意識中走出來，人才能創造出自己的風格與魅力，昂然獨立於天地之間。

一味模仿別人，無異於在自己的身上套上枷鎖，既限制自己前進的步伐，也禁錮自己的思想，只會使自己在人生的競賽中，永遠追著別人跑。

默片時代的國際知名影星卓別林，最初進入演藝界時，有一位導演認為他的外型並不出色，很難在眾星雲集的影壇脫穎而出，便勸他模仿一個當時相當走紅的德國諧星的表演方式。

但是，卓別林委婉地拒絕了這個建議，他認為唯有獨樹一格的表演方式，才能真正發揮自己的才華。

最後，卓別林獲得了非凡的成功，演藝生涯屢創高峰，而那位他拒絕模仿的德國影星則有如曇花一現，不久就被世人淡忘了。

卓別林之所以成功，是因為建立了獨特的風格，將自己所擁有的表演才華盡可能發揮出來。

愛因斯坦在《我的生活觀》一書中說：「一個人的真正價值，首先決定於他在什麼時候和什麼程度上，從自我解放出來。」

不管你用什麼眼光去看待，每一種存在的東西，都有它存在的意義和價值。人也是如此，每個人都有自己的獨特價值，應該細心去發掘自己與眾不同的優點，並且加以活用，一味地模仿、追隨別人的步伐，只會使自己淪爲別人的影子。

就像後來許多模仿卓別林表演方式的演藝人員無法成名一樣，倘使當初卓別林聽從那位導演的建議，那麼縱使他能夠成功，也會活在別人的陰影當中，成就將會受到侷限。

奇蹟，來自強韌的意志力

只要能夠專心致志地去追求，即使是「不可能」，也能化為「可能」。因為，人類堅強的意志力足以喚起任何的「奇蹟」。

如果一個人遇到難題的時候，總是不斷地告訴自己：「這不可能，我辦不到！」那麼，又怎麼可能真的克服困難呢？

如果一個人追求夢寐以求的理想時，總是不斷地告訴自己：「這不可能，我辦不到！」那麼，又怎麼會有實現夢想的一天呢？

一個富有人家生了一個女兒，可惜不久，這個小女孩得到一種無法治癒的癱

瘓病，失去了走路的能力。雖然命運如此弄人，這個小女孩仍然堅信自己終究會好起來，能夠跟其他的小朋友們一起遊戲。

有一天，小女孩與家人一起乘船去旅行航行過程中，一個快樂的服務生很喜歡這個可愛的小女孩，常常逗著她玩。

有一次，服務生講起這艘船的船長有一隻非常可愛的小鳥，他經常帶著小鳥在船的甲板上玩。小女孩聽得很入迷，很想親自看一看。

於是，服務生就把這個孩子背到了甲板上。可是，船長正好不在，小女孩耐不住性子等，要求服務生領她去找船長。

這時，服務生一時忘記了小女孩的腿不能走路，竟拉起她的小手就往前走。

這時，奇蹟出現了，這個孩子因為過度的渴望，拉住了服務生的手，真的慢慢地走了起來。從此以後，這個女孩兒的病竟然奇蹟般地好了。

也許，是由於童年時代對於追求喜愛事物的忘我，才使她戰勝了疾病。小女孩長大後，又以一樣的心情，專心致志地投入了文學的創作中，最後終於成為榮獲諾貝爾文學獎的知名作家。

她就是塞爾瑪．拉格洛夫。

那些在旁人看來是「奇蹟」的事，未必眞的是神的旨意或是超自然的力量，通常是人類堅強意志力的絕妙展現。

人類靠著意志力所產生的力量，在地球上建立起了亙古不毀、永恆不滅的金字塔；人類的意志力所產生的力量，讓人類將自己的腳步踏上數十萬公里外的月球。有什麼是我們辦不到的呢？

對於大多數人來說，只要遇到自身無法突破或完成的難題與門檻，常常就用一句「不可能」來概括；但是，只要一個人能夠專心致志地去追求，心無旁鶩地努力，那麼，即使是「不可能」，也能化爲「可能」。

因爲，人類堅強的意志力足以喚起任何的「奇蹟」。

放手去做，勇敢向前，不論何時何地我們都要告訴自己：「我辦得到！」

勇敢把自己的缺點秀出來

英國小說家傑羅姆在《閒人閒思》中寫道：「我們是通過各自的缺陷和弱點，而不是通過各自的優點，才相互產生交流和共鳴的。」

莎士比亞曾經寫道：「自信在任何時候、任何地方，都是一種支撐自己活得自在的心靈能量。」

的確，自信是人生自在的法寶，在人生的過程中，如果你能具備自信，擁有全力以赴的信念，不論遇到任何困難，都可以輕鬆自在地做自己。

每個人免不了都會有一些缺點或是缺陷，如果你太過於在意，就會變得自卑、拘謹、造作……這些負面力量，往往會束縛一個人的潛能，導致優點無法發揮。

因此，有時候適度地將自己的缺陷和弱點暴露出來，不但可以解除心靈的束縛，也可以藉著缺陷和弱點，營造出更圓融的人際關係。

以下就是一個很好的例子。

有一位女高音在成名之前，對自己的牙齒長得參差不齊相當不滿意，她為不讓別人看到自己的牙齒，因此平時不苟言笑，演唱的時候也總是儘量側著臉，表情相當不自然。

後來，有位朋友很誠懇地忠告她說：「妳未免太在意自己的牙齒了，為了隱藏妳的牙齒，不但使妳越來越缺乏應有的自信，也使得妳在演唱之時無法充分發揮。」

這位女高音經過深思之後，覺得他的忠告頗有道理，索性不再去管自己難看的牙齒。由於她的態度變得自然，不僅人際關係大為改善，演唱之時也能充分發揮才華，不久就成為國際馳名的女高音。

英國小說家傑羅姆在《閒人閒思》中寫道：「我們是通過各自的缺陷和弱點，而不是通過各自的優點，才相互產生交流和共鳴的。」

世上失敗的人很多，大致上可以分成兩類。

有的人身上具備許多美好的特質，但是自己卻缺乏信心，只看到身上的缺點，卻不知道如何運用自己的優點，因此成天悲觀地抱怨自己缺乏某些成功的條件或是運氣。

另一種人則是缺乏自知之明，既不知道自己有什麼優點，也不知道自己有什麼缺點，但是又輕蔑別人的價值，只會羨慕別人功成名就之後的絢麗，一見到別人在某個領域獲得成功，就認爲自己同樣辦得到，迫不及待地想要加以複製。

像這種不肯虛心探究自己、學習別人，一味昧於事物表象的人，最後當然以失敗收場。

人不要太在意自己有什麼缺點，如果無法運用自己的缺點，也要儘量掘發自己的優點。在每個人的身上，其實就有著許多獲得成功的秘訣，又何必一味羨慕別人的成功呢？

誠實是成功最重要的礎石

美國總統林肯曾經在演說時強調：「你可以在所有時候欺騙某些人，也能在某些時候欺騙所有的人，但不能在所有的時候欺騙所有的人。」

誠實是成功最重要的礎石，不管做什麼事，倘使不誠實地對待別人和自己，一切都會淪爲夢幻泡影。

一個不誠實的人無法獲得他人的信任，更遑論尊重和幫助了。

生活在現代社會，人很難離群索居，在通往成功的道路上也很難不尋求別人的援助，因爲，個人的能耐終究有限，必須借助群體的力量才能發揮出無堅不摧的效用。

因此，得不到別人信任的人，只會離成功越來越遠。

日本著名的企業家吉田忠雄以製造ＹＫＫ拉鍊奠立了自己的事業基礎，當他在回顧自己創業成功的經驗之時，曾經語重心長地說：「不管經商或是待人處事，最重要的原則就是一定要誠實，因為，只有誠實的人才會贏得別人的信任。」

創業之前，吉田忠雄曾經在一家小電器商行當推銷員。剛開始，他在推廣業務方面四處碰壁，進行得相當不順利，有很長一段時間都沒有什麼起色，然而他並不灰心喪志，還是耐心挨家挨戶從事推銷工作。

後來，他終於成功地推銷出了一種新型的刮鬍刀，短短幾天之內便和許多位顧客完成交易，業績突飛猛進。

但是，不久之後他卻從同業口中得知自己推銷出去的刮鬍刀，價格要比其他推銷員來得高，這項訊息使他深感不安。經過深思熟慮之後，他決定一一登門向這些客戶道歉，並主動退還差額給他們。

他這種誠實不欺的作風，使得客戶們大受感動，從此成了他的忠實顧客，除了定期訂購他推銷的產品之外，也為他介紹了許多新客戶。

這個轉折點使得吉田忠雄的業績直線上升，不但獲得更豐厚的收入，也為他日後自己創業建立了廣泛而良好的人脈基礎。

美國總統林肯曾經在演說時強調：「你可以在所有時候欺騙某些人，也能在某些時候欺騙所有的人，但不能在所有的時候欺騙所有的人。」

吉田忠雄之所以能成爲成功的企業家，在日本產業界佔有舉足輕重的地位，除了本身鍥而不捨的努力外，客戶因爲信賴而不斷幫助他，也是相當重要的因素。

吉田忠雄能獲得那麼多人的協助，關鍵只是因爲他是個誠實的人，值得客戶信任，由此可見誠實的重要。

誠實是爲人處世應該具備的基本品德，同時也是判斷一個人是否能成功的觀察指標。

批評讓你精益求精

林肯曾說：「我要忍耐到最後。如果最後證明我是對的，不論別人怎麼說，我也置之不理。如果最後證明我是錯的，即使有十個天使說我對，那也是徒然。」

生活既是一種心靈的光合作用，也是一種心靈的享受。要想活得快樂，就必須樂觀知足，熱愛自己生命中的一切，並且懂得感恩，時時懷著一顆感恩的心。只要我們以理性的態度，將批評當作是自己向上躍昇的助力，那麼，虛心接受批評對自己的身心成長將大有益處。

遭到批評的時候應該這麼想：被批評的人一定有被批評的價值，一個人如果連受人批評的價值都沒有，才不會有人願意多費唇舌加以批評。

英國名詩人拜倫的處女作《閒散的時光》出版之後，大受民眾喜愛，不久就成為詩壇的閃亮新星。

正當拜倫沉醉在眾人的讚美聲浪中，一家雜誌社竟然刊登一篇匿名文章，對他的私生活大加撻伐，並且把他的詩作批評得一無是處。

拜倫讀完這篇惡毒的謾罵文章之後，不禁怒火中燒，為了洩恨，便寫了一封措詞相當尖銳的信回敬這家雜誌社。

但是，就在他要將信寄出的時候，突然改變念頭。他告訴自己：「面對批評的最好方法，是寫出更優美的詩篇讓他們啞口無言，而不是降低自己的層次與他們進行無聊的謾罵。」

這種信念使得拜倫創造出更優秀的作品《劍俠唐璜》，最後成為名揚世界的偉大詩人。

面對批評的態度，將決定一個人究竟是偉大的或是渺小的。

如果對方所說的是善意的批評，我們可以藉此期勉自己精益求精，如果對方所說的是惡意的批評，我們也不妨效法拜倫的態度，努力展現出自己最完美的一面，讓對方無法再批評。

批評的態度如果不是出於正直，而含有主觀的成見，那麼就會變成惡意的嫉妒、怨恨。既然如此，我們又何苦降低自己的層次與這些無知的人進行無聊的謾罵呢？最好的方式是只好置之不理。

麥克阿瑟將軍和英國首相邱吉爾的辦公室門口，都掛著一句林肯說過的名言：「我要忍耐到最後。如果最後證明我是對的，不論別人怎麼說，我也置之不理。如果最後證明我是錯的，即使有十個天使說我對，那也是徒然。」

仔細想想，批評會爲我們帶來好處，那麼何不樂於接受批評呢？

其實，不論善意的批評或惡意的批評，只要能夠以健全的心態面對，都會對我們有所助益。千萬不要因批評而改變正確的意志，更不要因爲別人的批評而使自己產生無謂的煩惱。

能否成功，決定權就在你手中

只要我們能給自己多一點耐力和毅力，辛苦地爬完了上坡路段之後，接下來自然能輕鬆自在地往成功的終點走去。

俄國文豪契訶夫曾經說過：「人的眼睛，在失敗的時候，方才睜了開來，看見成功的曙光。」

這句話告訴我們，成功經常會成爲下一次失敗的原因，當然，任何失敗也都可能因爲智慧和努力，而成爲下次成功的開始。

生活上一定會遇見困難，那是因爲每一個困難都是成功的助力，你是否也能如此看待，決定權就在你手中。

給自己多一點信心吧！紮實地累積自己的實力吧！

不論會遇到多少風雨，我們都一定能親手將雲霧撥開，讓希望的陽光再展笑容。

二十歲時，史東來到芝加哥，準備經營一家保險經紀公司，當聯合保險經紀公司的名字登記完畢之後，他立即聘僱近一千名的員工。

史東讓他們接受約一週的訓練，便分別將他們派往各州，並授予他們行銷經理的頭銜，他還將地方經營權，全都交由這些行銷經理掌管，由他們親自領導新進的行銷員，培訓自己所需要的助理人才，至於芝加哥總部，也留下了幾名助理，以協助史東管理來自各分店的訊息與業務。

以為一切都在掌控之中的史東，卻沒料到接下來竟遇上了美國經濟大恐慌，原本積極前進的事業，一夕之間跌到了谷底，因為大家都沒有錢買保險，連最基本的意外險與健康險都保不起。

面對這突如其來的意外狀況，史東的事業面臨了極大的生存危機。決心不放棄的他，努力地想出了激勵自己的座右銘：「只要你願意用樂觀與決心面對這一切，一定能重新再站起來！」

不一會兒，他又寫下了另外一句：「銷售是否能成功，決定權在於推銷員，不是在於顧客。」

為了不讓自己的座右銘變成空洞無用的口號，他決定走出辦公室，親自到紐約城裡推銷。一個月後，史東將成績帶回總公司與其他人分享，所有員工無不佩服他的能力。在這麼蕭條的時期，他竟然能讓每天的成交量，達到鼎盛時期的成績。

原來，在二〇年代初期，保險業剛剛開始進入民眾的生活中，市場自然十分龐大，史東推銷得十分順利，所以在推銷員的工作心態與方式上，他並沒有特別注意或發現新的行銷技巧，直到危機出現時。

從那一刻開始，他才發現，原來工作態度與技巧才是行銷人員的首要，特別是在親自上場後，更能體會出問題所在。

從此，史東開始進行他的行銷講座時，第一課都是向業務人員詳細說明如何

培養積極的工作態度，並找出最適當的行銷手法！

史東以將近二年的時間到各分部演講，並親自陪同業務人員去推銷，也一再地證明一點：「決定權就在我們的手中，不在顧客們的身上！」

在美國經濟的低點，史東積極突破困難與瓶頸，當美國經濟復甦時，史東的事業同時也站上了高峰。

詩人白朗寧曾經如此寫道：「一時的成就，通常是以多年失敗為代價而取得的。」

的確，想要不經過艱難曲折和挫折失敗，就能功成名就的想法，往往只是癡人說夢的幻想。

你還是習慣等待別人的回應，然後才進行下一個步驟嗎？

「決定權就在你手中！」這是史東突破困難後的成功心得，更是每個人在面臨困難時，應當建立起來的正確態度。

面對未來生活上各種困境，我們都要給自己這樣堅定的信念，人生道路原本就會有彎曲之處，當然也一定會有平坦筆直的路段，只要我們能給自己多一點耐力和毅力，辛苦地爬完了上坡路段之後，接下來自然能輕鬆自在地往成功的終點走去。

我們可以試著想像一下，當困難被我們視爲阻力時，慢慢地心中也開始感受到了恐懼，反之，當我們將困難視爲難得的挑戰時，很快地我們渾身便充滿了積極的戰鬥力。將這兩種感受仔細比較之後，聰明的你應該知道要怎麼選擇了吧！

2. 活著不是爲了痛苦

蘇聯作家杜金說：

「一切要來的都在未來，一切已逝的都在過去。

未來不在命運之中，而在我們自己手中。」

心態調整好，才能充分發揮潛能

重新調整自己的心態與腳步，先自我肯定，然後我們才能得到別人的認同。重新建立起自信，才充分發揮你的潛能。

你的生活音律變調了嗎？

你的人生音色總是低沉缺乏活力嗎？

那麼，快重調你的音弦，不要讓走調的音聲繼續折損你的內在潛能，繼續破壞你的人生樂章。

今天有個拍賣商要主持一場二手物品的拍賣會，只見他拿起一把看起來非常

破舊的小提琴，接著還彈撥了幾下琴弦。

沒想到，琴音竟然全部走調，這讓原本就不被看好的琴身，更加失去了販售的價值。

拍賣商拿起了這把又舊又髒的小提琴，接著便皺起了眉頭，毫無精神地開始叫賣起來：「這把小提琴只要十美元，有沒有人要啊？」

現場雖然人流穿梭，但是卻沒有一個人願意停下腳步。

於是，拍賣商人把價格降到了五塊美金，但始終沒有人願意給點反應。最後，他繼續降價，且一路直降到了五毛。

他大聲地呼喊道：「這把琴只要五毛，我知道它值不了多少錢，但是你現在真的只需要花五毛就能把它拿走。」

就在這個時候，有位頭髮花白、留著長鬍子的老人家走了過來，問道：「能不能讓我看看這把琴啊？」

拍賣商點了點頭，立即將小提琴遞給了老人家。

老先生先是拿出了一條手絹，將琴身上的灰塵和髒污擦去，接著便慢慢地撥動著琴弦，然後又一絲不苟地將每一根弦調撥至正確的音聲，最後他把將這把破舊的小提琴擺放到下巴上，開始認真地演奏了起來。

沒想到這一演奏，竟將人群吸引了過來。不少人被這把琴流露出來的音色感動，忍不住驚呼：「這琴音真美，你聽這把小提琴多棒啊！」

拍賣商見狀，立即詢問現場人群：「有沒有人要買啊？」

這時，有人叫喊道：「有！一百元！」

另一個人則說：「我出二百元！」

最後，小提琴在老人家的演奏聲中，慢慢地增值至一千元時成交！

從五分美元一躍到一千美元，這中間的價差是因爲老人家的完美演出，還是這把小提琴眞有此價？

其實，這兩項都是促使小提琴增值的重要原因，懂得小提琴問題所在的老先生，知道音準與音質是別人評價它的標準，所以輕輕調整音弦之後，不僅讓小提琴原有的音絃品質再次回復，更在自己的演奏下，讓小提琴原有的美妙音質重現。

我們也從老先生調音的動作中，隱隱約約間領悟了另一份隱喻：「原來，生活中我們要改變的不是外在環境，而是修正並提升你我的內在潛能。」

我們到底擁有多少潛能值得人們的提拔與肯定，其中決定價值的指標，並不在別人怎麼認爲，而是我們要如何表現自己。

換句話說，如果我們也像拍賣商般，不懂得提升自家產品的內在品質，只知一味地降價求售，那麼，帶著否定自我的態度，我們恐怕很難得到別人肯定。如此一來，又怎能奢望別人給予我們表現的機會呢？

重新調整自己的心態與腳步，先自我肯定，然後我們才能得到別人的認同。重新建立起自信，先肯定自己，然後我們才能在難得的機會中，充分發揮自己的潛能。

活著，不是為了痛苦

蘇聯作家杜金說：「一切要來的都在未來，一切已逝的都在過去。未來不在命運之中，而在我們自己手中。」

「天下無難事，只怕有心人」，這是連小學生都能朗朗上口的一句老話，可是說歸說，眞正能把這句話奉爲圭臬加以貫徹的人卻不多。

也許你會認爲，這句老掉牙的成語根本不適用於現實社會；殊不知，能夠源遠流長的話語，正是以前成功者的智慧結晶和經驗法則，也是現代渴望成功的人最有用的座右銘。

尼加拉瓜有個殘障藝人名叫湯尼，他的奮鬥過程正是「天下無難事，只怕有

心人」的最佳寫照。

湯尼一出生就沒有雙臂，醫師因此想辦法為他裝了兩隻人工手臂。可是，在成長過程中，湯尼一直覺得裝假手臂很麻煩，而且使用並不方便，因此後來就捨棄不用了。

湯尼無可避免地經常遭受到其他人的異樣眼光，但是他生性樂觀，並不因此而自怨自艾，反而更加積極地想著：「我一定要向那些嘲笑我的人證明，我雖然欠缺兩隻手，但也可以活得像正常人一樣。別人用手能夠做的事，我用腳同樣可以做！」

經過漫長的自我訓練與堅毅不撓的努力，湯尼十幾歲的時候，終於學會了用雙腳彈奏吉他。最後，他不但可以用腳做任何事情，甚至還會用雙腳駕駛經過特別改造的汽車，到各地巡迴演出。

湯尼回憶說，他剛開始試著想用腳彈奏吉他的時候，遭到了許多人譏笑與諷刺。不久之後，在一個熱心的朋友幫助下，他慢慢學會用右腳的腳趾夾著撥塊來撥弦，再用左腳的腳趾壓住琴弦。經過不斷的練習，湯尼的吉他彈得相當好，而且和其他同好組成了一支樂隊。

後來，湯尼和他的樂隊經常到各地的教堂和學校巡迴演出，他相當驕傲地說：「我要透過自己現身說法，讓年輕人知道，只要相信自己，天底下就沒有無法做到的事。」

蘇聯作家杜金說：「一切要來的都在未來，一切已逝的都在過去。未來不在命運之中，而在我們自己手中。」

湯尼的奮鬥過程，無疑充滿了激勵與啓示，他以實際行動告訴我們：人活著並不是爲了爲了承受失望和痛苦，只要肯立定志向，肯相信自己，任何事情最後都可以完成。

許許多多殘障人士的成功典範，不但告訴我們決心與毅力是成功的不二法門，也說明「相信自己」的重要。遇到挫折時，我們不妨想想湯尼和其他努力超脫生命束縛的殘障人士，你就會發覺自己面前的挫折，原來是那麼的微不足道。

拐彎抹角有什麼不好？

波蘭思想家史賓諾莎在《倫理學》裡強調：「心不是靠武力征服，而是靠愛和寬容大度征服。」

人雖然自詡爲萬物之靈，但是，每個人身上都有一股尚未退化完全的「牛脾氣」，只是程度略有不同罷了。

想要使自己的意見獲得別人的贊同，絕對不可以像愛默生趕牛一樣硬推硬拉，有時必須懂得拐彎抹角。

美國田園主義作家愛默生長期住在鄉間，有一次他和兒子想把一頭小牛趕進牛棚裡，可是兩人折騰了很久，不管從前面拉牠，或是從後面推牠，小牛就是不肯乖乖就範。

愛默生累得滿頭大汗，越折騰越生氣，開始對著小牛叫罵。這時，恰巧附近一家牧場的小女孩經過，看了兩人對牛發脾氣的滑稽模樣，不禁哈哈大笑。她對愛默生說：「大作家先生，趕小牛不是這樣趕的，看我的吧！」

小女孩隨即拍拍小牛的頭，然後將一隻小指頭伸進牠的口中，小牛便一邊吸吮著小指頭，一邊隨著小女孩進入牛棚裡。

相傳埃及法老王阿克丹曾經訓誡他的兒子說：「如果你想要人民服從你的統治，那麼，你就必須用懷柔的手段，高壓和威脅是毫無用處的。」

其實，我們也可以將這句話當作處世箴言，其中的奧妙，就像前述故事中小女孩用溫柔的手段，把牛帶進牛棚一般。

波蘭思想家史賓諾莎在《倫理學》裡強調：「心不是靠武力征服，而是靠愛和寬容大度征服。」

富蘭克林以行事圓融著稱，但是年輕時候，卻是一個喜歡爭強鬥勝的青年，總是想用言詞駁倒對方，壓迫對方順從自己的意見。

有一天，一位老朋誠懇的告訴他說：「你老是喜歡逞強好勝，常常攻擊人家的錯誤，實在太不應該了。你不在朋友面前的時候，大家都相處得很愉快，可是你一出現，大家都變得不自在，因爲你太喜歡爭辯了，這樣子下去，大家非但不會贊同你的想法，反而會跟你更加疏遠。」

富蘭克林這時才醒悟，自己在言詞上所獲得的只是虛幻的勝利，倘若不痛改前非，不但難有圓融的人際關係，而且勢必會因爲別人的抵制而遭受失敗，因此下定決心痛改前非。

後來，他努力克服這個壞習慣，終於成爲美國歷史上最能幹、最和藹可親的外交人才。

勇氣，是成功者的利器

英國思想家法蘭西斯．培根曾說：「如果你想要開創一番事業，最重要的是勇氣，其次也是勇氣，第三還是勇氣。」

勇氣，是年輕人特有的氣質，每個人在青春期都曾經有過勇往直前的氣概，然而隨著年齡增長，大多數人的勇氣都在現實環境中一點一滴流失，最後變得膽怯懦弱。

因爲人生的閱歷越豐富，遇到困難越會患得患失，由於擔心自己承受不起失敗的打擊，而不願勇敢去面對現實。其實，勇氣是創造成功的利器，能夠保有年輕時代勇氣的人，可說是相當幸運的。

有一個四處巡迴演出的馬戲團，某天來到一座小鎮，為了要在街上遊行宣傳，樂隊指揮急著要找一名小喇叭手。

這時，有個男孩自告奮勇前來應徵。

樂隊指揮見他信心滿滿，未加以測試就錄用了，豈知遊行的隊伍走不到幾步路，就有兩個老太太因為聽了那個男孩吹出來的怪聲音而昏倒，馬戲團裡的一匹馬也被嚇得四處奔竄。

樂隊指揮非常生氣，就責問那個男孩：「為什麼你事先沒告訴我，你根本不會吹喇叭？」

那個孩子理直氣壯地回答說：「我以前沒有試過，怎麼知道自己不會吹小喇叭？」

創造米老鼠、唐老鴨……等卡通明星的華德．迪士尼，功成名就後經常應邀參加各個學校畢業典禮。

他在致詞時常常會說這個故事，並且引用蒲維爾．蘭頓的話勉勵畢業生說：「在年輕人的字典裡，沒有『失敗』這個字。」

華德．迪士尼說，每當自己說這句話時，其實也是在勉勵自己必須保持心境上的年輕，他會回想起自己的年輕時代，那時候他眼中的世界，毫無教人傷心或恐懼的事。

大約二十一歲的時候，華德．迪士尼第一次遭遇到人生的挫敗，垂頭喪氣地躺在堪薩斯城畫室的椅墊上，吃著冰冷的罐頭食品。可是，不久之後，他便告訴自己必須振作：「在年輕人的字典裡，沒有『失敗』這個字。」

隨即，他鼓起勇氣前往好萊塢追尋自己的夢想，最後終於成功地打造了迪士尼王國。

英國思想家法蘭西斯．培根曾說：「如果你想要開創一番事業，最重要的是勇氣，其次也是勇氣，第三還是勇氣。」

縱使我們無法在年齡上保持年輕，至少也應該讓自己在精神上維持在毫不畏懼失敗的年輕階段。

忍耐一下子，快活一輩子

英國詩人斯溫伯恩曾經寫道：「人們在尖刻的話語和機敏的辯才中摘不到果子，在他們搖撼大樹的根部時，得到的是扎人的刺。」

眞正的成功者，經常是那些勇於超越自己的人。

富蘭克林爲了改善自己的人際關係，曾經定下一條規律要求自己嚴格遵守，那就是不可使用武斷的言詞強迫別人接受，而且在措詞方面必須小心謹慎，竭力避免去傷害他人。

富蘭克林強調說，嚴格要求自己做到這點，不但容易使別人接受自己的意見，而減少人際之間的衝突，一旦自己不小心犯了錯誤，別人也不會以嚴厲的態度加以屈辱。

他也一再提醒年輕人，咄咄逼人的言行舉止，絕不可能讓別人改變他們的態度和想法。

林肯擔任美國總統的時候，有一個名叫格瑞利的政治評論家，老是和林肯總統的政治見解不同。

為了使林肯總統贊同他的看法，他經常用嘲弄和謾罵的筆調，在報紙上發表嚴峻的評論攻擊林肯。

但是，林肯總統對格瑞利的評論一直置之不理，使得格瑞利相當生氣，更加猛烈地攻擊著。

即使是在林肯被刺身亡的當天夜晚，不知情的他還寫了一篇尖酸、苛刻的文章，準備好好地嘲弄林肯一番。

可是，這樣的攻擊非但無法達到目的，林肯去世之後，他被認為是只會憑著筆桿挖苦別人的刻薄小人，遭到輿論更嚴厲的批評。

英國詩人斯溫伯恩曾經寫道：「人們在尖刻的話語和機敏的辯才中摘不到果子，在他們搖撼大樹的根部時，得到的是扎人的刺。」

要求自己行事圓融，在措詞方面小心謹慎，起初可能會因爲不符合自己的個性，而讓你覺得扭捏爲難，但是習慣這種爲人處世的手腕之後，你就不會覺得心裡彆扭了。

不說武斷話語的人，雖然本身不善言辭，但是，他們說出來的意見通常會受到別人的讚許。

想要擁有和諧的人際關係，就必須記住：話語往往是傷人的利器，避免與人結怨最有效的方法是，不要爲了滿足自己一時的虛榮，而爲了小事與人爭執不休。

說話之前，嘴邊的每一句或每一字都要加以斟酌，任何容易引起別人反感或是可能傷害別人的言詞，千萬不要脫口而出。

你為什麼要浸在煩惱的苦海？

美國女詩人薇爾科克絲曾經寫道：「當生活像一首歌那樣輕快流暢時，笑顏常開是容易之事；而在一切事都不妙時仍能微笑，才是活得有價值的人。」

有的人性格相當樂觀，習慣去看人生光明燦爛的一面，即使在烏雲蔽天的時候，還是樂觀地相信麗日和風不久就會出現。

但是，有些人的性格卻是悲觀的。即使處於歡樂的時光，他們往往也能透視歡樂背後的晦暗面，並且因此而擔心憂慮、沮喪消沉。

消極悲觀的人應該培養樂觀的心態，因爲這無論對自己或對別人，都將是一種幸福。

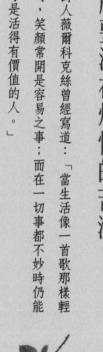

有兩個拓荒者先後來到一片砂礫遍佈、無法耕種的土地，發現這片貧瘠不堪的荒漠上面除了幾叢雜草、零星的仙人掌之外，到處都蜿蜒著帶有劇毒的響尾蛇。

第一個拓荒者見到了這種景況，不禁悲觀地搖搖頭，然後緊皺著雙眉失望地離去了。

第二個拓荒者卻樂觀地停下腳步思索著，雖然他也知道這片土地無法耕種，但是卻可以靠土地上面的這些響尾蛇發財。

於是，他製作好簡單的工具，開始小心翼翼地捕捉這些毒蛇。他將響尾蛇宰殺剝皮，蛇肉製做成罐頭，毒液賣給醫院製成抗毒劑，然後再把剝下的蛇皮賣給皮革工廠。

最後，這片荒漠成了名聞遐邇的「響尾蛇村」。

英格蘭有句古諺說：「快樂能達全程，悲觀止於一里。」

一般而言，樂觀的人遠比悲觀的人更容易成功。樂觀的人像一塊軟木塞，一放在水中，會浮在煩惱之上。悲觀的人則好像一塊石頭，只會永遠沉浸在煩惱裡。

樂觀的人，會鼓起勇氣面對困難，將荊棘遍佈的小路變爲繁花盛開的康莊大道；悲觀的人，則往往大驚小怪，將一灘小水幻想爲汪洋大海，一遇到小小的困難就怯懦地退避。

美國女詩人薇爾科克絲曾經寫道：「當生活像一首歌那樣輕快流暢時，笑顏常開是容易之事；而在一切事都不妙時仍能微笑，才是活得有價值的人。」

樂觀的人縱使不能成功，也會爲自己帶來快樂，因爲它們能從各種細小的事物上得到快樂，而悲觀的人眼中滿是愁苦，自然無法發現生活週遭的快樂與成功機會。我們應該培養樂觀積極的性格，隨時保持愉快的笑容，如此才能像第二個拓荒者，看出成功的機會所在，在別人無法成功的地方，獲得最大的成功。

失去的機會永遠喚不回

美國文學家霍姆斯曾說：「你可以從我的左邊口袋偷走白銀的硬幣，但是千萬不要碰我的右邊口袋，因為裡面裝著黃金的時間。」

法國作家紀德在小說中，寫過一段激勵人心的話：「人人都有驚人的潛力，要相信自己的力量與青春，要不斷告訴自己：我就是命運的主宰。」

確實，只要下定決心改變，人就是自己生命的主宰。

人生如盛開的櫻花，朝猶傲笑夕葬塵埃，不知把握機會及時努力的人，無異於虛擲璀璨的時光，等到察覺生命渾渾噩噩消逝大半時，後悔已經來不及了。

據說，十一世紀時期的英格蘭國王卡奴特，有一次由幾位近臣陪伴到某處海岸散步。

到了目的地後，卡奴特國王悠閒地坐在椅子上欣賞海上的落日餘暉景緻，其中一名近臣走近身邊，以阿諛諂媚的口吻誇讚說他擁有至高無上的權力，是古往今來最偉大的國王。

卡奴特國王聽完之後淡淡一笑，隨即叫近臣將椅子移到更靠近水邊的沙灘上去，然後坐下來。

他對著大海說道：「大海啊，我是你的統治者，我的船艦可以在你上面任意行駛，你所衝擊著的這片陸地是我統治的領土，我現在命令你立即停止你的波浪，不可以濺濕我的雙腳。」

但是，海浪依舊一波波襲來，並且湧到卡奴特國王坐著的椅子，弄濕了他的雙腳和褲管。

於是，卡奴特國王轉過頭，斥責這個近臣說：「你剛才不是說我擁有至高無上的權力，是古往今來最偉大的國王嗎？但是，為什麼海浪並不聽從我的命令？

由此可見，在大海面前，縱然是國王，也和其他人一樣無能為力。」

卡奴特國王不能指揮波浪的軼事提醒我們，不管一個人多麼偉大，擁有多大權力，世間仍然有許多他無法支配的事物，最顯而易見的便是稍縱即逝的時間，以及發生在生命流程中的生老病死。

因此，我們必須時時自我警惕，韶光荏苒有如逝海之巨波，在電光石火的轉瞬間，現在立即就會變成永遠也喚不回的過去，不容我們片刻怠惰、蹉跎。

美國文學家霍姆斯曾說：「你可以從我的左邊口袋偷走白銀的硬幣，但是千萬不要碰我的右邊口袋，因為裡面裝著黃金的時間。」

唯有懂得珍惜時間的人，才懂得更加努力，好好把握住身邊每個稍縱即逝的機會。

當機會向著我們前來的時候，必須立刻把握，善加利用，如果你的態度輕蔑，一旦等到它擦身而過，剩下的就只是懊惱和後悔。

誠心會激發別人的自尊心

愛因斯坦在《教育論》裡說：「期望得到讚許和尊重，根深柢固地存在於人性之中，要是沒有這種精神刺激，人類之間的通力合作就完全不可能。」

幾乎每一個自詡成功的領導人，都有一套自己引以爲傲的領導統御策略，但是這些策略往往流於權謀，僅僅著眼於如何利用別人爲自己賣命。一旦員工發現了其中存在著機詐成分，就會產生不信任、不確定的感覺，工作之時就會想要爲自己預留後路。

其實，想要提高員工的敬業精神和工作效率，大可不用如此大費周章，最有效的方式就是直接對員工表達自己眞誠的關切，用友好的態度對待下屬，用讚許

的鼓勵方式啓發他們的自尊心。

某一個冬天的晚上，一個紐約電話公司的職員外出返家時，走到街頭的轉角處，突然停下腳步，出神地望著一幕發生在眼前的景象。

他看見一位西裝筆挺的人，掀起了街道中心圓形的下水道鐵蓋，從裡頭鑽了出來。他感到不可思議，在這樣寒冷的夜裡，這個儀容整潔的人為什麼會從下水道的涵洞中鑽出來呢？

這個職員仔細一看，原來這個人不是別人，正是自己的老闆，當時正負責架設紐約市區電話系統的佛朗哥。

他感到十分納悶，為什麼老闆會親自出馬鑽進下水道，難道裡頭發生什麼危急的狀況嗎？

於是，這個職員連忙趨前問道：「佛朗哥先生，裡頭是不是發生了什麼嚴重的事？」

只見佛朗哥拍拍手上的污垢，神情愉快地說：「沒什麼，只不過是有兩個接線工人，正在下水道裡趕工，我特地鑽進涵洞去慰問一下他們。」

後來，佛朗哥被紐約市民稱為「十萬人的好友」，成為美國電話業的先驅之一。

從這個身穿整潔衣飾鑽進下水道裡去慰問接線工人的故事，足以說明佛朗哥的成功並不是偶然。因爲，他沒有階級觀念，所以才能自然地表現出這種難能可貴的行爲。

他時常以關懷工作夥伴的心情，探視正在忙碌工作的員工，表達他對他們的重視與感謝。

愛因斯坦曾經在《教育論》裡說：「期望得到讚許和尊重，根深柢固地存在於人性之中，要是沒有這種精神刺激，人類之間的通力合作就完全不可能。」

只有像佛朗哥一樣把員工當成工作夥伴，員工才會感覺自己確實受到尊重，工作之時才會充滿熱忱，盡力發揮自己的才華，彼此的合作關係才能維持長久。

不要直接數落別人的錯誤

羅賓遜教授說：「倘若有人直言指正，我們卻每每故意執拗，堅持力爭。這並不是我們對自己的意見有所偏愛，而是不願意被人侵犯自己的自尊心。」

一般人一遭到批評，心中自然不高興，這情形完全由於「自我」的意識作祟，進而產生對抗心理。

所以，如果我們直接數落別人的錯誤，縱然滔滔不絕說得理由十分充足，終究難以使他心服，他必定要找出各種藉口百般辯護。

擅長寫諷刺寓言故事的俄國大作家克雷洛夫還沒揚名之前，生活過得十分拮据。有次，克雷洛夫想換一間比較像樣的房子，便前去找女房東簽訂租賃契約。

豈知，這個女房東十分勢利、小氣，見他衣衫破舊，擔心他會破壞屋內的各種設備，便要求在契約上加註：如果損壞屋內設施，必須賠償一五〇〇〇盧布。

克雷洛夫聽了，心中極為不悅，但還是拿起筆，大方地寫下一五〇〇〇〇盧布。房東見到他多填了兩個〇，以為自己看走了眼，眼前這個邋遢漢竟然是個出手大方的大富翁，態度立即有了一百八十度改變，諂媚地說：「謝謝您這麼大方。」

克雷洛夫見狀，笑著回答說：「這沒什麼，反正不管填多少錢，我都同樣賠不起。」

女房東聽出了他話中的諷刺，隨即明白自己的要求太苛刻了，便不再要求克雷洛夫簽訂附加條款。

羅賓遜教授所著《思想的成功》一書中，有一段文章這麼說：「我們改變自己意見並不困難，但是倘若有人直言指正，我們卻每每故意執拗，堅持力爭。這

並不是我們對自己的意見有所偏愛，而是不願意被人侵犯自己的自尊心。」

正因爲這種心理作祟，人一旦遭受別人的指謫，就會產生反抗心理，非要抵禦到底不可。

其實，我們犯了錯誤，自己通常會立即察覺；即使自己一時未察，如果別人用巧妙的言詞婉轉地加以指出，我們也會勇於坦承自己的錯誤，並且還覺得這種坦白是一件十分光榮的事。

因此，當我們遭遇不合理的待遇或要求時，千萬不要當面直接數落別人的過錯，也不用和對方爭得面紅耳赤，而應該學習克雷洛夫的幽默，讓對方知道自己的做法是不合理的。

3. 不要替困難找藉口

作家尤．特里豐諾夫曾經寫道：

「你想要達到什麼目的，

就要把所有的力氣，所有的手段，

所有的條件，所有的一切都花上去，

要盯住不放！」

不要替困難找藉口

作家尤·特里豐諾夫曾經寫道：「你想要達到什麼目的，就要把所有的力氣，所有的手段，所有的條件，所有的一切都花上去，要盯住不放！」

如果我們的信念只是像一條小溪流，一被障礙堵住去路，就會蜿蜒地改道。但是，如果信念像滾滾洪流，儘管前面有巨石、大樹擋路，也會被我們澎湃洶湧的力量摧毀。

意志堅強的人往往擁有無堅不摧的力量，不管有什麼艱鉅的困難橫阻在眼前，他終究會憑靠著心中強大的創造力與意志力，爲自己沖刷出一條全新的成功之路。

十七世紀時，法國有一個名叫帕利西的陶瓷工人，下定決心要發明一種白淨的釉藥，用來提高陶瓷器的品質和外觀。

但是，他只是一個窮工人，而且教育程度不高，因此，這項工作足足花了他二十年的時間。

由於他日以繼夜地進行這項發明工作，導致家裡三餐不繼，他的妻子和鄰居都叫他「無可救藥的瘋子」。

二十年間，帕利西進行過幾百次實驗，雖然每次都遭到失敗，但是他還是不灰心。後來，在最後一次實驗裡，因為爐灶的燃料不夠，他竟然把屋子裡所有可以燃燒的家具統統搬去燒光了。

這次，他終於獲得成功，也因此而成名了。

帕利西發明了釉藥，將原本單調的陶瓷器變得五彩繽紛，堪稱是一個「有志者事竟成」的最好例子。

「有志竟成」，是指當人下定決心去做一件事時，雖然遭遇重重困難，只要盡力以赴，最後一定可以獲得非凡的成功。事實上，許多著名的學者、藝術家、發明家，都像帕利西一樣，費盡心力去征服看似不可能征服的障礙，經過一番苦鬥，終於得到成功。

拿破崙之所以敢誇稱在他的字典裡沒有「不可能」這個字眼，是因爲他知道成功最重要的因素，就是堅定不移的意志，以及不屈不撓的毅力，任何人只要具備了這兩項要素，最後一定會成功。

也許有人會懷疑地問：爲什麼我們對某件事即使努力不懈地去做，最後仍然毫無成效？這是由於我們想去完成它的意念不夠強烈，意志不夠堅定，尙未發揮自己所有的潛能所致。

作家尤．特里豐諾夫曾經寫道：「你想要達到什麼目的，就要把所有的力氣，所有的手段，所有的條件，所有的一切都花上去，要盯住不放！」

當我們並不是眞正想去做一件事時，一開始時就會爲困難找藉口，並且加以誇大。任何困難一被誇大，就會在自己的內心裡充滿著各式各樣的障礙，認爲自己無法加以克服超越。

付出越多，得到越多

美國作家愛默生在談論友誼時曾說：「美德唯一的酬勞就是美德。贏得朋友的唯一方法就是自己先做別人的朋友。」

格拉安西在《世俗智慧的藝術》裡說：「友誼使人生的益處倍增，使人生的不幸倍減。它是苦難的唯一解藥，是靈魂的通氣之孔。」

因此，人在結交朋友的時候，內心要保持偉岸，但是，外表則要儘量謙虛溫和。因爲，內心偉岸可以激勵自己遠離卑賤庸俗的朋友，外表謙虛溫則可以使志向崇高的朋友樂於接近你。

美國總統羅斯福生前以人緣絕佳出名，據說，凡是和他見過面、談過話的人，都會衷心歡喜他。有一次，他應邀前赴英國進行訪問，有一位當地的媒體記者請問他一個問題：「總統先生，聽說你很受美國人民歡迎，請問你是用什麼方法來使人喜歡你呢？」

羅斯福微笑著回答說：「我從來不曾有過試圖使人喜歡自己的念頭。我只知道自己很真誠地去喜歡每一個我所接觸過的人。因為，我從小就牢記一句很有意義的格言——愛是一條用來把社會貫串在一起的金鍊，有著化敵為友、轉剛為柔的奇妙力量。」

人與人之間的友誼很微妙，也很現實，交友的第一原則是：你想要別人怎樣待你，你就應該先怎樣待別人。羅斯福雖然不刻意去使別人喜歡他，但是，他待人接物的準則，正好是贏得別人喜歡的最佳方法。

美國作家愛默生在談論友誼時曾說：「美德唯一的酬勞就是美德。贏得朋友的唯一方法就是自己先做別人的朋友。」

人類的情感交流，其實就像是空谷回音聲一般，你付出得越多，回向自己的友誼也越多。

友誼的形成，大半是出於一時之興，或是機緣巧合。儘管彼此成為朋友是一件快速、容易的事，但是，眞正的友誼則是緩慢成熟的果子。一個人能不能勇於伸出友誼的雙手，事實上與胸襟有密切關聯。人的胸懷應該如同海洋一般廣闊，能夠不辭涓涓細流，如此才能建立寬闊而和諧的人際網路。

細心照顧別人的自尊

英國文學家R．奧爾丁頓在《上校的女兒》書中說：「一點溫情和好心，以及一點無私之心，可以使這個美好的地球變成塵世的天堂。」

以倡導積極思想聞名全球的皮爾博士，一再鼓勵世人說：「存在於人內心當中的仁慈，是不會因為過於忙碌而無暇表達出來的。」

事實上，只要我們肯多費一些心思去觀察，就會發覺生活周邊充滿著讓我們表達仁慈的機會，只是我們的雙眼和心靈都被塵世的俗務蒙蔽了，因此未能即時對別人表達對心中的關愛。

有一次，皮爾博士到紐約的義大利區購物，看到一個大約八歲左右的義大利裔小男孩，正在幫他父親販賣堆放在手推車上的蔬菜。

這個小男孩很得意地賣了一把青菜給一個婦人，等著她付錢。但是，婦人卻逕自把錢交給他的父親了。

這一瞬間，小男孩臉上的笑容消失了，肩膀垂了下來。

皮爾博士認為自己應該設法恢復這個孩子的自尊。

於是，他走向前去，選了一些蕃茄和青菜裝在紙袋裡，故意給小男孩一張大鈔。小男孩皺起眉頭，專心計算了一會兒，然後才綻開笑容，正確無誤的把零錢找給皮爾博士。

皮爾博士趁機誇獎他說：「謝謝你，你算得可真快！」

「呵！這沒什麼！」小男孩一邊說，一邊望著他的父親。這時候，四周的人都露出會心的微笑。

皮爾博士這種行為造成的溫馨氣氛，感染了周遭的人。

英國文學家R．奧爾丁頓在《上校的女兒》書中說：「一點溫情和好心，以及一點無私之心，可以使這個美好的地球變成塵世的天堂。」

心地仁慈的人，可以保護並且擴大別人的自尊心，使他們尋回失落的自我。在我們的所有感情中，慈善之心無疑是最溫柔，最無惡意的。我們應該試著用慈善之心，透過體貼他人的行爲，把愛的能量發揚光大。

小心別人把你當成狗

美國作家羅傑斯在《與人交往》裡說：「真誠，是人們交流接觸的基礎，也是人們的友好關係的前提。」

勵志作家賴爾曾說：「如果想擁有快樂的心情，就不要悔恨過去，也不要沉溺於眼前的苦厄。」

不容否認的，我們所有的痛苦大都來自於被過去與現在的失望、不幸糾纏，才會在失意和憂鬱之間擺盪。

如果你想讓自己的心情永遠是晴天，那麼，就必須學會把那些不如意的事情放下，用積極、開朗、樂觀的態度面對。

許多名人的成功秘訣都是「懷抱著感激的心情面對別人」。這個秘訣使他們不分貧富貴賤，總是以親切誠摯的態度待人，因此得到無數寶貴的友誼，幫助自己成就傑出的事業。

美國早期著名的魔術家霍斯登，在四十多年的表演生涯中，足跡踏遍全世界，看過他表演的觀眾超過六千萬人。

他的魔術表演讓全球各地的觀眾如癡如狂，著迷不已，曾經有人問他成功的秘訣究竟什麼，是不是受過良好的教育？

他回答說：「我的成功與教育毫無關係，因為我從來沒有讀過書。我很小的時候就流離失所，白天靠乞食過活，晚上睡在草堆裡。我現在所認識的幾個字，全是沿著路上的廣告看板學來的。」

又有人問他，是不是對魔術有特別獨到的研究，他說：「不是。我相信魔術造詣比我更精深的人多得是，市面上琳瑯滿目的魔術書籍，都是那些專門鑽研魔術的人寫的。」

最後他透露，他成名只靠一個與眾不同的特點，那就是懷抱著感激的心情從事表演。

他曾下了很大的功夫，研究如何才能使自己表現得最完美，無論一舉一動，甚至說話的腔調、臉部的表情，都以博得顧客歡愉為前提，儘量做得恰到好處。

更重要的是，他上台表演時，不像一般的魔術家以輕視的態度面對觀眾，只想隨便「騙他們一下」。他以感激的心情報答觀眾的厚愛，一心一意使他們渡過這段美好的時光。

美國作家羅傑斯在《與人交往》裡說：「真誠，是人們交流接觸的基礎，也是人們的友好關係的前提。」

如果我們待人缺乏誠心，做事抱著敷衍的態度，那麼有誰會信任我們的人格和能力？

人與人之間的互動關係是相對的，我們怎麼待人，別人就會以同樣的態度對待我們；我們把別人當成狗一樣對待，別人自然也以狗看待我們。

因此，當我們行事遭遇失敗挫折的時候，先別急著怨天尤人，不妨先捫心自問：「我待人處事的態度是不是誠懇？」

當我們自我檢討以後，如果發現自己待人接物的態度不夠誠懇，那麼失敗是必然的結果，還有什麼資格埋怨別人呢？

不要故意表現得比別人聰明

吉德特菲爾爵士曾經再三告誡他的兒子說：「你應該比別人聰敏，但你不能把聰敏去向別人誇耀！」這真是一句很好的處世金箴！

世界上有許多事物並沒有絕對的是非，尤其是在這個快速變遷的時代，許多我們根深蒂固認爲對的事物，經常過了一陣子就成爲錯誤的了。

古希臘大哲學家蘇格拉底，就是了解萬物變化迅速無常，因此在雅典城講學的時候，經常對他的學生說：「我只知道一件事，那就是我什麼都不知道。」

像蘇格拉底這樣學問淵博，被譽爲西方哲學鼻祖的人，尙且如此謙虛，那麼，對許多事物一知半解的我們，豈可自詡無所不知，處處與人言詞爭鋒呢？

美國激勵作家賈孚，有一次前去訪問曾在北極圈住過十一年的科學家兼探險家史蒂芬生。

當時，史帝芬生正在做一項試驗。賈孚問他打算證實什麼，史帝芬生回答說：「科學家永遠不敢說自己能證實什麼事，不過是試著去找出某些自己不了解的事實而已。」

史蒂芬生這種謙虛客觀的態度，使得賈孚銘記在心，時時引為借鏡。因此，他在巡迴演講的時候，經曾勸告聽眾說：「如果我們都具有史帝芬生這種虛懷若谷的態度，在待人接物方面就不會遇到難題。而且這種與人無爭的態度，也可以使別人變得謙虛。」

當我們想要證明自己對某些事情的看法是對的，必須留意自己說話的態度，千萬不要趾高氣揚，刺傷別人的自尊，最好以婉轉的說法讓對方有所了解，在心照不宣的情形下維護對方的顏面。

吉德特菲爾爵士曾經再三告誡他的兒子說：「你應該比別人聰敏，但你不能把聰敏去向別人誇耀！」

這眞是一句很好的處世金箴！

縱使我們十分確定別人犯了錯誤，也不用因而驕傲自大，咄咄逼人，最好的方式是保持緘默，讓時間證明一切。

如果，你當時的處境不容許你保持緘默，最好也得用委婉的言辭說：「對於這件事，我有一些不同意見，但是，這些意見不見得是對的，只是提供大家參考，假如不對的話，我願意改正過來。」

這樣，自己先表示了退讓，對方不會對你表示反感的。

你如果不保持虛懷若谷的態度，用婉轉的態度表達自己的觀點，而硬要魯莽地指出別人的錯誤，那麼在人際關係，無疑將發生許多不可預知的嚴重結果。

誠懇待人就會受歡迎

日本作家池田大作在《人生寄語》中說：「要時常撫弄心靈的琴絃，表達出自己的心，社會或人際關係失去心靈的音樂，必然會變得無聊乏味，變得冷酷無情。」

遠在西元前一百年，羅馬大詩人薛萊士就說過人際交往的原則：「有人來關懷我，我當然也會對他關懷。」

如果你想受人歡迎，第一件就是學會用誠懇的態度對待別人。

挑起第一次世界大戰的德皇威廉二世，在戰爭結束後有如過街老鼠，遭到全球人士痛恨斥責，連德國民眾也同聲譴責他是罪魁禍首。

後來，威廉二世避居荷蘭，過著深居簡出的寂寥日子。

有一天，他忽然接到一封來自德國的信，是一個小男孩寫的，信中的措詞雖很簡單幼稚，卻充滿了熱情。他在信裡面說：「不管別人怎麼譴責咒罵你，你還是我最敬愛的威廉大帝！」

這簡短的幾句話，使威廉二世感激零涕，異常歡喜，連忙邀請這個小孩子前來與他會面。

不久，小男孩由他的母親陪伴，從德國前赴荷蘭晉見威廉二世。後來，威廉二世竟然與他母親發生戀情，兩人終於結婚。

這則軼事提醒我們，世上沒有一個人不喜歡受人讚美，不管我們面對的是不可一世的國王，或是卑微渺小的人，誠摯的讚美都將是開啟他們心扉的鑰匙。

日本作家池田大作在《人生寄語》中說：「要時常撫弄心靈的琴絃，表達出自己的心，社會或人際關係失去心靈的音樂，必然會變得無聊乏味，變得冷酷無情。」

第一流的商人或政客想要爭取關鍵人士的支持認同時，往往會先下一番苦功，仔細觀察他們想要結交的對象，最擅長或最得意的事是什麼，然後以最誠摯的態度，巧妙地加以讚美，而不是以虛偽的言詞阿諛諂媚。

想要將朋友吸引到自己的身邊，也是同樣的道理，必須用誠摯的態度與人交往，稱讚他們已經顯露出來的優點，發掘他們本身還未察覺的長處。

不要為失敗的過去煩惱

紀伯倫在《主之音》一書中寫道：「不要因為事過境遷而放棄希望，或向絕望屈服，因為悲嘆無可挽回的事物，是人類最壞的弱點。」

幽默劇作家蕭伯納曾經說：「一個人如果想要學會溜冰，就要勇於跌跌撞撞地，不怕別人嘲笑。事實上，就是憑著這股不怕別人笑話的精神，一個人才可能在各方面有所進步。」

可是，很多人卻因爲過分害怕失敗，害怕別人嘲笑，太在乎別人的想法，因而不敢大膽去嘗試自己想要做的事，無形中使自己喪失了許多人生過程中難能可貴的樂趣。

太在乎別人的看法，只會讓自己的心靈受到禁錮，施展不開手腳。應該這麼告訴自己：「別人才沒那麼多時間去注意我們的成敗，就算在嘗試過程遭遇失敗，也不是什麼可恥的事，比起那些只會高談闊論、從不做任何事的人好太多了，何必在乎別人怎麼想。」

在人生旅程中遭遇失敗是人之常情，想要人生過得豐富，做錯事是無可避免的，重點是自己能不能從錯誤裡學得寶貴的教訓。

有些人對於成敗處之泰然，犯了錯誤絕不浪費時間去懊惱後悔，而是更積極思索如何才能成功。這樣的人無疑是幸運的，因為他們已經到達了成功的臨界點，只要繼續努力一定可以成功。

小洛克斐勒回憶他父親的行事態度時說：「我從沒聽他說過一句後悔的話。在他看來，既然是無可挽回的事，就不值得懊惱嘆息。如何彌補損失，如何重新努力，如何轉敗為勝，才是他關切的。他一生都是如此。」

英國首相邱吉爾年輕的時候，幹過不少糊塗事，不少報紙都曾經指責他做事

「太不謹慎，毫無判斷」。但是，他並沒有因為這些批評而使自己的活動力萎縮。

世界上許多偉人的重大成就都是如此創造出來的。他們懂得以失敗為踏腳石，最後終於攀登上成功的高峰。

紀伯倫在《主之音》一書中寫道：「我的朋友，不要像那個人坐在火旁，望著它熄滅，然後再徒勞地去吹那堆死灰。不要因為事過境遷而放棄希望，或向絕望屈服，因為悲嘆無可挽回的事物，是人類最壞的弱點。」

不時爲了過去的失敗經驗而煩憂苦惱，可以說是傻人做傻事。因爲既已成爲過去，不管如何追悔也無濟於事，老是對著往事發愁、慨歎，只會損害自己的身心健康。

過去的人生歷程，唯一的價值事充作現在的借鏡，只有把過去化作激勵自己奮發向前的力量，這才是面對人生的正確態度。

用意志力實現你的夢想

只要我們願意積極地督促夢想實踐，能給自己無比的自信心，然後便能達到「心想事成」的最終目標。

你是否也曾發現，當你將情感或思考集中在一個特定的目標物時，你的生活周遭便會開始出現這類事物，當你正著迷於某一種衣物顏色時，似乎滿街也開始出現了相同的色彩。

你知道那是什麼原因嗎？

因爲你的意志力正開啓了你的夢想世界，一個可以由你決定的未來世界。

這個周末，席勒來到邁爾希教堂演講，就在演講結束後，活動承辦人卡倫·托馬斯與他閒聊了一會兒。

兩個人聊著聊著，卡倫忽然提起了暢銷作家理查德·巴赫，因為他前些日子也來到這個小鎮，並開辦了一個研討會。

席勒聽見巴赫不久之前曾經造訪這裡，竟有點激動地說：「真的嗎？我是他忠實的讀者啊！」

卡倫·托馬斯笑著說：「真的嗎？我這裡有那場研討會的錄音帶，你要不要聽聽看呢？」

席勒拿到錄音帶後，便立即拿到車裡播放，他一邊開著車，一邊仔細聆聽巴赫的「激勵人生的方法」。

從音箱裡傳出了巴赫的聲音：「你們可以試著練習這個動作，先選擇一個物體，隨便什麼東西都可以，然後在你們的腦海裡牢牢記住這個物體的模樣，接著，你們便會發現，原來自己腦子裡想著什麼東西，然後你就會看見那個東西正慢慢地接近你！」

原來，這是巴赫提出的「心想事成法」，最終目的是要提醒自己：「我有創造理想、實現夢想的能力。」

席勒聽完了錄音帶後，心想：「以意志實現夢想，這是很平常的觀念，不過這個實驗方法我倒沒試過，不如現在來試一試。」

於是，席勒將車子開到路邊，先是閉上了雙眼，接著腦海裡開始想像一顆紅透的番茄，然後當他一張開眼，腦海裡滿是番茄後，他便不再理會它，繼續開車上高速公路。

為了避免刻意地想起番茄這個影像，席勒開啟了廣播來分散心思，不過，他仍偶爾會想起「番茄」這個果實。

沒想到，就在他前進了快一百公尺後，有輛卡車駛進了右車道，就在席勒開過這輛車的身邊時，忽然驚呼：「番茄！」

原來，這輛卡車的車體上畫了一顆又圓又大的番茄，看著這個大大的番茄，令席勒渾身起雞皮疙瘩：「沒想到真的奏效！但是，這會不會是運氣？我再試試別的看看。」

於是，席勒再次將車子停下，腦子裡用力地想像著「勞斯萊斯」的車形，因為在這個區域的勞斯萊斯並不普遍，大約一千輛只見得著一輛。

等席勒將車子的影像牢牢記住之後，便再次上路了。

沒想到，就在他往這條熟悉的道路上前進後不久，不止看見一輛勞斯萊斯，約半個小時內，他看見了兩輛！

這究竟是什麼樣的能量？是一種神秘的念力，還是普通的想像力量？

其實，這不是什麼神秘的力量，只是常存於我們身上的生命念力，只要我們願意積極地督促夢想實踐，給自己無比的自信心，然後便能完成巴赫的激勵人生法，進而達到「心想事成」的最終目標。

因爲一個人的思考就像個磁鐵，回想一下，我們是否曾經「想」著某事或某人時，接著便很神奇地出現了這些人事物嗎？

其實，那不是什麼奇妙的巧合，而是很自然的「因爲心念，所以事現」的感應，因爲我們正在集中心思，思想著某人，所以那個人很奇妙地被牽引出現在你我的面前所致。

回到席勒「心想事成」的試驗，也延伸至我們夢想實現的經過，試想面對著夢想時，有多少人懷抱信心並堅持達成的呢？

每當我們踏出行動時，在你的腦海中出現的是失敗的淒涼結局多，還是聽見成功的歡呼聲多？

一個深具信心會實現的念力，代表了我們實現夢想的可能，故事中的席勒實驗再次地證明了一項原理：「你怎麼想，你的未來就怎麼走！」

4. 改變心情，坦然面對人生

法國文豪羅曼羅蘭在《約翰·克利斯朵夫》裡寫道：

「痛苦這把犁刀一方面會割破你的心，

一方面也會掘出了生命的新水源。」

承擔風險，是肯定自我的表現

丹麥作家勃藍斯說：「想發現新大陸的人可能遇上暗礁而擱淺，但是，如果他選擇避開暗礁，就永遠無法發現新大陸。」

曾經獲得諾貝爾文學獎的蘇聯作家索忍尼辛曾說：「在你找到那結結實實的路徑之前，一定會有好多的泥寧要踩過去。」

大家都知道掌握機會的重要性，但是，並不是每個人在機會來臨之時都有膽量及能力好好加以把握。從許多事例中，我們不難得知，成功的人之所以會成功，除了平時不斷累積努力成果之外，也必須具備承擔風險的勇氣。

三洋電機的創辦人井植薰是個深具冒險犯難精神的企業家，事業有成之後，僱用一名園藝師替他整理家中庭院。

某個夏天早上，這位園藝師見到井植薰在庭院散步，不禁向他抱怨說：「社長先生，您的事業就像院中的花草樹木欣欣向榮，可是，我活了將近五十歲，至今仍然像依附在樹上的蟬一般餐風飲露，實在太沒出息了。您能不能告訴我一些創業的訣竅呢？」

井植薰點點頭說：「好吧，我看你對園藝方面的事務相當專精，恰好我工廠旁邊有塊兩萬多坪的空地正荒置著，不如我們合作種些樹來賺錢！一棵樹苗要多少錢？」

園藝師回答：「四十元。」

井植薰又問道：「如果以一坪種兩棵來計算，扣除道路的面積，兩萬坪地大約可以種二十五萬棵，樹苗的成本剛好一千萬元。三年後，一棵樹可以賣多少錢？」

園藝師計算了一下，回答：「大約三百元。」

井植薰計算了一下，認真地說：「那麼，樹苗成本與肥料費全部由我來支付，你就專門負責澆水、除草和施肥方面的工作。如此一來，三年之後，我們的利潤就至少有六千萬，到時候我們一人分一半。」

沒想到園藝師聽到這個天文數字卻手腳發軟，連忙搖頭說：「哇！這麼大的生意我實在沒膽量做，不如就算了吧。」

丹麥作家勃藍斯說：「想發現新大陸的人可能遇上暗礁而擱淺，但是，如果他選擇避開暗礁，就永遠無法發現新大陸。」

故事中的園藝師，即使在自己最擅長的領域中還是沒有勇氣更上一層樓，這種不敢勇於做夢的行徑，不但顯示他沒有承擔風險的勇氣，更表現出對自己能力的不信任。

承擔風險，其實是一種肯定自己能力的表現，因爲只有具備足夠的能力，面對風險時才得以從容的解決。平順的道路不能讓你成長，只會讓你安於現狀，而安於現狀的人，最後通常一事無成。

改變心情，坦然面對人生

法國文豪羅曼羅蘭在《約翰·克利斯朵夫》裡寫道：「痛苦這把犁刀一方面會割破你的心，一方面也會掘出了生命的新水源。」

《魯賓遜漂流記》作者笛福曾說：「我們今天所愛的，往往是我們明日所恨的；我們今天所追求的，通常是我們明日所逃避的；我們今天所願望的，往往是我們明天所害怕的，甚至是膽顫心驚的。」

的確，一個眞正懂得主宰自己生活的人，絕不會因爲一時的命運起伏而悲傷，反而會設法轉換自己的心境，努力活出生命的喜悅。

人在現實生活中遇到一時無法解決的困頓、挫折時，往往會受制於面子或自尊，強要自己咬緊牙關來承受這些困頓與挫折，可是結果卻常常造成身心都蒙受創傷。其實，適時地放過自己，爲自己轉換個調養身心的環境，避開某些不必要繼續面對的挫折，才是眞正的生活之道。

一八一六年三月，風光明媚的春天正要降臨英格蘭，但是，著名的桂冠詩人拜倫的生命卻在這時進入了嚴冬。

首先是由於個性不合，使得二十九歲的拜倫與結婚剛滿一年三個月的妻子宣告分居了。

他雖然深愛著妻子，這椿婚姻也被文壇傳為佳話，但是婚後，他與妻子兩人之間卻出現齟齬，而且爭吵卻越演越烈，不得不暫時分居來沉澱彼此的心境。

分居之後，生性浪漫而又多愁善感的拜倫，飽受劇烈痛苦煎熬。心情的頹唐萎靡導致言行的放蕩不羈，使他招來許多批評與攻擊。

接踵而來的，他因為在詩中譏諷資產階級的婚姻狀態，而遭到許多衛道人士群起圍剿；此外，由於他又寫了一首短詩讚美從厄爾馬島逃脫的拿破崙，而被有

心人士貼上賣國賊的標籤。

這時的拜倫成了「全民公敵」，報紙和輿論對他齊聲譴責，他也經常在公開場合遭到侮辱謾罵，幾乎沒有朋友願意跟他說話，他的處境到了幾乎被整個英國社會唾棄的地步！

一八一六年四月底，受到重重打擊的拜倫選擇乘船前往義大利，黯然離開英國。然而，就在他幾乎要放棄自己的生命與創作的時候，他卻幸運地結識了另一個偉大的浪漫主義詩人雪萊。

經過雪萊不斷地鼓勵，拜倫開始振作，終於在一八一八年寫出了偉大的長篇諷刺史詩《唐璜》，成為舉世聞名的大詩人。

法國文豪羅曼羅蘭在《約翰．克利斯朵夫》裡寫道：「痛苦這把犁刀一方面會割破你的心，一方面也會掘出了生命的新水源。」

在人生遭遇挫折的時候，當然必須設法鼓舞勉勵自己，不過，在鼓舞勉勵完自己之後，應該靜下心來評估這些挫折會對自己造成何種程度的傷害，問問自己是不是可以承受和克服。

如果一時之間無法克服，不如選擇暫時迴避，因爲，勉強自己忍受過多而不必要的打擊，只會使自己產生喪失信心的反效果。

因此，在遇到無法解決的挫折時，設法轉換環境與改變心情，並不是缺乏勇氣的表現，而是開闢另一條通往成功道路的開始。

三心兩意必然一事無成

幽默作家蕭伯納曾說：「人生真正的成功與歡樂，是致力於一個自己認為是偉大的目標。」

古希臘哲學家德謨克利特曾說：「和自己的心進行鬥爭是很艱難的事，但這種勝利則標誌著你是一個深思熟慮的人。」

一個人抱持著什麼心理，人生就會出現什麼結局。如果機運橫擺在眼前，你卻不願意承擔風險，那麼最後就只能後悔懊惱了。

擁有明確的人生目標，才會激發出前進的動力。目標會給一個人帶來希望和熱情，而這兩種感覺都在通往成功的路上扮演著重要的角色。

所以，訂立明確的目標，不但是邁向成功的第一步，往往也是左右成敗的重要關鍵。

有一個獵戶為了提早讓三個兒子熟悉狩獵生活，某天便帶著他們來到草原，從練習獵捕野兔開始。

到達目的地之後，父親開始鉅細靡遺地教導他們打獵的技巧，以及過程應該注意什麼事項。

等到講解完畢，三個兒子摩拳擦掌即將進行狩獵前，父親又向他們提出了一個問題：「你們向前看，然後告訴我，你們看到了什麼。」

大兒子只向前看了一下，便信心滿滿地回答說：「我看到了爸爸、大弟、小弟、野兔，以及一片大草原。」

父親聽了不說話，只是搖搖頭。二兒子仔細看了一會，回答說：「我看到了一望無際的草原，我手上的獵槍，以及正在草原上奔跑的野兔。」

父親聽完，還是搖搖頭。

又過了一會兒，三兒子才轉頭回答說：「我眼裡只看到野兔。」

父親聽了，這才露出微笑說：「你答對了！」隨即告訴另外兩個兒子說：「想要打獵，就要全神貫注，眼中只能有獵物存在。」

幽默作家蕭伯納曾說：「人生真正的成功與歡樂，是致力於一個自己認為是偉大的目標。」

故事中的父親爲什麼要告誡兒子「打獵時必須全神貫注，眼中只能有獵物存在」？這是因爲，過多的目標會分散自己的注意力，讓自己不能夠專一，容易受到眼前雜物的影響而三心兩意，結果必然一事無成。

因此，當你開始執行某項計劃之時，就要清楚地決定自己無論如何都想完成的目標，一旦下了決定，就必須努力貫徹自己的意志，這是才是邁向成功的不二法門。

不管做什麼事都一樣，想要有所成就，就必須摒除擾亂自己意志的雜念，專心一意地朝自己設定的目標前進。

不要活得像隻可憐的寄生蟲

法國哲學家沙特在《存在主義》裡說：「要使每個人成為自己現實的主人，把每個人存在的責任，全部放在它的肩膀上。」

人與人之間需要互助合作，但是，絕不能因爲別人的幫助而產生依賴他人的習慣。

喜歡依賴別人的人，通常都是由於懶惰或缺乏自信所致。懶惰的人不願意腳踏實地去工作，只會如同寄生蟲一般依附他人，並且試圖以巴結、阿諛、迎逢來換取別人的協助。這樣的人不但可恥，而且可憐又可悲。

至於缺乏自信的人，是因爲凡事都沒有自己的主張，既不敢放手去做，也不

知道該從何著手。要改變這種壞習慣，最好的辦法就是建立自己的信心，培養獨立自主能力。

有一隻百靈鳥在麥田裡築巢，哺育著幾隻小鳥。

有一天，母鳥從外面覓食回來，小鳥慌慌張張地告訴她說：「剛才農夫來巡視麥田，喃喃自語地說麥子已經成熟了，要請鄰居來幫忙收割。我們還是趕快搬家吧！」

母鳥一點也不以為意，回答說：「沒有關係，我們還可以住下去。」

過了幾天，小鳥又慌張告訴母鳥說：「農夫剛才來巡視時又說，因為請不到人幫忙，所以他準備自己來割麥。」

母鳥聽了連忙說：「這下子，我們就非馬上搬家不可了。」

自己的事要靠自己完成，千萬不要有依賴他人的想法。

法國哲學家沙特在《存在主義》裡說：「要使每個人成為自己現實的主人，

把每個人存在的責任，全部放在它的肩膀上。」

自助的眞實意義，是清楚認知本身的能力，而且充滿自信和決心，發揮自己的力量來創造自己的幸福。一個人在世上，究竟是受到重視或蔑視，完全取決於他是否能獨立行動；不能當機立斷去主宰自己生活的人，勢必永遠成爲別人鄙視的寄生蟲。

朋友以互惠為原則

心理學家愛德拉在他所著的《人生真諦》一書中說：「不肯關心別人的人，不但自己做人處處感到棘手，甚且是害群之馬，古今人類的失敗者，多半是這一種人。」

朋友以互惠爲原則。人唯有用關心自己的天性用來關心別人，才可能在人生道路上左右逢源，走得更加平順穩健。

有許多人一路走來跌跌撞撞，人生盡是愁苦、顛沛、失敗，原因往往就在於他們只知道求別人關心他，自己卻不肯關心別人。

人際交往是互動的，付出什麼就得到什麼。你尊敬別人，別人自然而然也會尊敬你；你處處關懷別人，別人自然也會處處爲你設想。

戴爾．卡耐基是國際知名的激勵作家，經常應邀到各地演說，深受各階層人士歡迎。

有次，演說結束後，一個年輕人請教他：「卡耐基先生，你為何能建立如此廣泛而良好的人際關係？」

卡耐基回答說，他常常耗費許多時間，調查朋友們的生日。當他初次與陌生的朋友見面時，會先設法使他們相信生日與一個人的性情、命運有關，然後隨口探問一下他們是生於某年某月某日。

這種方法每每能使陌生的朋友說出自己的生日，卡耐基聽完便暗記在心中，回家後記在筆記簿裡。每到了朋友生日那天，他就會專程寄上卡片或拍電致賀。

卡耐基最後提醒這位年輕人：「不論如何都必須記住，人最關心的人是自己，這是人類的天性。」

曾經有個有趣的統計資料指出，人在講話的時候，嘴裡最常說的字是「我」，

而且遠遠超過其他字眼。

其實，豈只是講話，如果我們仔細觀察生活中的若干事情，都不難發現，人往往先顧到自己，然後才會考慮到別人。譬如，拿起一張團體照片，一般人的眼光最先注意的，毫無疑問的必定是自己！

但是，在團體社會中，過分顧及自己的人是不受歡迎的，自私自利、虛情假意的人，永遠也交不到眞心的朋友。

如果你只想利用別人替自己作牛作馬，別人有事相求時，卻擺出一副不干己事的臉孔，那麼，以後就不會有人再幫助你了，即使有一天你走投無路，或者陷入困境無可奈何的時候，也不會有人對你伸出援手。

心理學家愛德拉在他所著的《人生眞諦》一書中說：「不肯關心別人的人，不但自己做人處處感到棘手，甚且是害群之馬，古今人類的失敗者，多半是這一種人。」

這眞是一句至理名言，值得我們深深牢記在心。

信任別人，日子才會過得安心

美國心理分析專家弗洛姆說：「彼此信任才會產生愛，不常信任別人的人，也就不常愛人。」

英格蘭大政治家狄斯雷利曾經說：「肯相信別人的人，比不肯相信別人的人差錯少。」

因爲，當別人信任我們的時候，我們心中自然而然就會充滿著被信任、被肯定的喜悅。相同的，當我們試著去信任別人之時，無疑也正在激發別人正面性格的成長。

美國激勵作家賈孚八歲的時候，有一天，他的母親帶他前去觀看馬戲團表演。當他見到空中飛人在高空中飛來盪去，雖然驚險萬分，卻又準確無誤地抓住對方盪過來的鞦韆，不禁佩服極了。

他疑惑地問母親說：「他們不會害怕嗎？」

他的母親轉過頭來，輕聲地說到：「不，他們不會害怕，因為他們彼此信任，曉得對方靠得住。」

後來，賈孚每遇到人與人之間的信任難題，不禁就想到那些空中飛人——正是因為他們彼此都顧到對方的安全，所以才能放心地做這項驚險的表演。

賈孚說：「空中飛人雖然英勇，並且訓練有素，然而，這種表演是生死間不容髮的，要是沒有信任對方的心理，絕對無法做出那麼扣人心弦的驚險動作，人與人交往的道理也是如此。」

人活在世上就必須學會信任別人。

信任有如人際交往中的水和空氣；我們如果不信任別人，便會戴上虛偽的假面具，無法誠懇對待別人。一旦戴上虛僞的假面具，心裡就會一天到晚提防別人，而活在懷疑、恐懼、焦慮之中。

美國心理分析專家弗洛姆說：「彼此信任才會產生愛，不常信任別人的人，也就不常愛人。」

他一再提醒世人，要想受人愛戴，就必須先要求自己信任別人，不要處處提防別人。

雖然，陽光會同時照在好人與壞人的身上，人難免會因爲一時無法辨別好人或壞人而吃虧上當，但是，人的本性是無法作假的，虛僞狡詐的人只能騙人一時，不能騙人永久。

信任可以說是人際關係的通行證，那些不願意信任別人的人，永遠也得不到別人的信任。

即使腹背受敵，也要找出一線生機

何必苦惱於眼前的禍福與遭遇，只要我們能勇敢面對，努力堅持，即使腹背受敵，都一定能找到「一線生機」。

佛家常說「生命迅速，福禍無常」，然而不管人生多麼短暫，有多少凶險起伏，你的命運和未來終究操控在你手中。

沒有人能取代或是剝奪你的主宰權，除非你自動放棄。

英國詩人彌爾頓曾說：「心靈有它自己的地盤，在那裡可以把地獄變成天堂，也可以把天堂變成地獄。」

如果你用悲觀消極的心情面對問題，再如何簡單容易的事情，也會變得困難。

如果懂得用積極樂觀的心情去面對問題，那麼，再如何複雜困難的事情也會心想事成。

有個年輕人，因為心情不佳，而到郊外散步，不知不覺走到了荒野。

當他漫無目標地踏在荒原上時，忽然身後傳來了一陣低沉的「呼呼」聲，心裡一驚：「該不會是遇上了野獸？」

他忐忑驚懼地停下了腳步，小心地回頭一看。這一看，還真的差點把這個年輕人的膽子給嚇破了，因為在他身後，是一隻滿臉兇惡的老虎，正朝著他的方向張牙舞爪地撲來。

年輕人一驚，連忙轉身就逃，發足了腳力，拼了命地往前衝。

忽然，他發現眼前有一口古井，井邊還垂掛著一條粗大的樹藤，心裡想：「我可以拉著樹藤，躲到井底去，那這隻老虎就咬不到我了。」

於是，他立即攀著樹藤爬進井裡，鬆了一口氣的他忍不住說：「呼，好在有這口枯井！」

年輕人雙手緊握著樹藤，並靜靜地聽著外面的動靜。不妙的是，他卻聽見老虎似乎還未離去，仍在井口踱步的聲音，看來，牠似乎還不願放棄原本就要到口的獵物。

在一片寂靜中，年輕人忽然又聽見另一種細微的聲音，連忙抬頭一看，卻見一隻黑色的小松鼠，居然正咬著樹藤。

「我怎麼這麼倒楣啊！」禍不單行的年輕人哀叫了一聲。

他下意識地往井底一看，不看還好，這一看更讓他發現處境岌岌可危，不禁埋怨：「老天爺，您怎麼要這麼耍我啊！」

原來，枯井底下早已雜草叢生，也成了蛇類的最佳居住所。

年輕人看著還在樹藤上努力磨牙的可惡松鼠，心想：「往下，肯定只有死路一條，往上，也許還有生存的機會。」

他小心翼翼地爬上了井口，偷偷地張望老虎的蹤影，還好，那隻老虎這會兒正躺在樹底下休憩。

於是，他輕輕地爬出了井口，輕聲躡足地繞過樹後，接著拔腿就跑，直到發現老虎並沒有追趕上來，這才放心地放慢腳步，踏上歸途。

生命的美妙與精采，正是因爲人生的無常，就像故事中的年輕人，雖然遭遇非常情況，但是，那也是他一生中最難得的經歷。

所以，何必苦惱於眼前的禍福與遭遇，在人生的旅途上，我們永遠不知道會遇上什麼樣的狀況，但我們卻可以記住：「不管眼前的道路是否筆直平順，抬起頭，任何人都能看見寬廣的天空！」

別再唉聲嘆氣了，只要我們能勇敢面對，努力堅持，即使腹背受敵，都一定能找到「一線生機」。

黃金歲月就在你的前方

莎士比亞曾說：「堅持不懈地前進，才能保持榮譽；罷手不幹，變會向一套久擱生銹的盔甲，這時的樣式，會成為世人揶揄的資料。」

在日常生活中，我們可以看到許多人一遇見困難，就乾脆自己先打退堂鼓，忙著給自己找台階下，理由是：何必爲難自己呢？

試都不試就先打退堂鼓，這種行爲簡直是瞧不起自己，無疑是告訴別人自己是個怯弱、畏縮、缺乏自信的傢伙。

英國作家史蒂文生曾說：「一個人應該摒棄腦海中那些令人心顫的雜念，全神貫注地走著自己腳下的人生之路。」

要讓將來的你，感謝現在勇於面對失敗、挫折的自己，千萬不要成爲自己未來的「絆腳石」。

以前，英國牛津大學有位著名的教授名叫李費，是享譽歐洲的知名學者。每次他走進教室上課的時候，不管裡頭有沒有女學生，都習慣用「紳士們」作為起頭。

這個習慣讓一群響應女權運動的女學生十分反感，認為他嚴重漠視女性的存在，有違兩性平等原則，決定聯合起來捉弄他，讓他難堪。

有一天，李費教授上課之前，這些女學生強迫驅離所有的男學生，只留下一個男生在教室，準備看李費怎麼應付這種局面。

上課鐘聲響後，李費教授一如往常走進教室，見到裡頭只有一個男生，其餘全是女學生，嗅出氣氛不太對勁，知道這群女學生故意要和他過不去，於是不急不徐地改口說：「這位可憐的紳士……」然後若無其事地繼續上課。

莎士比亞曾說：「堅持不懈地前進，才能保持榮譽；罷手不幹，便會像一套久擱生銹的盔甲，這時的樣式，會成為世人揶揄的資料。」

人生的黃金歲月在我們的前方，而不是在我們的背後。李費教授的行徑，給我們的啓示是——當我們朝著自己的人生方向前進的時候，不管別人如何和自己過不去，只要我們能堅持到底，最終必定會獲得勝利。

就像獵人的目的不在於跟蹤獵物，而是將牠們捕獲，做事的最基本原則是貴在恆心與堅持，與其開場之時風光熱鬧，不如落幕之時有所獲得。

相形之下，那種勇往直前，鼓勵自己再忍耐一下，縱使遇到挫折也不氣餒的進取精神，著實令人欽佩。

5. 只要有決心，就一定能美夢成眞

美夢破碎了又如何？人生的旅程仍得繼續前進，

即使再回到原點又如何？你怎麼知道，

這說不定是我們夢想人生的開始？

不怕失敗的人必定能成功

沒有辦不到的工作，因為再大的難題都有一把解開的鑰匙。方法就在我們的腦海中，只要我們對自己有信心。

生活中沒有眞正的困難，只有自己搬來的阻礙，生活上也沒有眞正的失敗，只有自己因爲擔心失敗而丟失了自信心。

目標能否達成，不在於遭遇的風雨阻礙多大，一切全憑我們是否能面對艱難，相信自己能突破萬難。

有位名叫赫伯特的推銷員，曾成功地將一把斧頭推銷給小布希總統，布魯金

斯學會聽聞這則消息，也立即將一個刻有「偉大推銷員」的金靴子頒給了他。因為這是自一九七五年以來，學會中有位學員成功地把一部微型錄音機賣給尼克森之後，終於又有學員成功地跨越這個門檻。

布魯金斯學會以培養世界上最傑出的推銷員聞名，該學會有這麼一個傳統——他們會在每期學員畢業前，設計一道最能展現推銷員實力的難題，好讓學生們有最完美的畢業成果。

柯林頓執政之時，他們曾出了這麼一道題目：「請你們把一條三角褲推銷給現任總統。」

然而，這道題目實行了快八年，無數學員為此絞盡腦汁，最後卻都無功而返，一直到柯林頓卸任後，布魯金斯學會才把題目更改成為：「請你們將一把斧頭推銷給小布希總統。」

由於前八年的失敗教訓，許多學員都知難而退，大多數的人都認為，這道畢業題目和柯林頓時期的題目一樣，最終都會一無所獲。唯獨赫伯特並不這麼認為，他做到了，而且沒有花多少時間精力在推銷上。

後來有位記者採訪他，他是這麼說的：「因為我認為，要把一把斧子推銷給小布希總統是有機會成功的。因為小布希總統在德克薩斯州有座農場，所以我立即寫了封信給總統，信中我告訴他：『總統先生您好，我很榮幸地曾參觀您的農場，但是我卻發現，農場中有許多木菊樹已經枯死。我想，您一定需要一把小斧頭，但是，我從您現在的體力來看，這樣的小斧頭顯然太輕了，我想，您還是需要一把不甚鋒利的老斧頭吧！正巧，我這裡有一把祖父留給我的斧頭，可以輕鬆地砍伐這些枯樹。如果您有興趣的話，可以與我連絡，謝謝！』最後，總統先生真的匯給我十五美元。」

赫伯特成功之後，布魯金斯學會在表揚他時說：「金靴獎已經設置了二十六年，這二十六年來，布魯金斯學會培養了數以萬計的推銷員，也塑造出數以百計的百萬富翁，但是這只金靴子之所以沒有授予他們的原因是，我們只想尋找這麼一個人，一個不會因為目標無法實現而放棄的人，更不會因難以完成而失去自信的人。」

你喜歡成功多一點，還是失敗多一些？你是個喜歡挑戰的人，還是每天祈禱麻煩少一點的人呢？

看著赫伯特的挑戰精神與解題技巧，我們也看見了一個成功者突破困難的鬥志與信心。身爲推銷員的他，第一步便從「了解消費者的需求」著手，接著便深入「消費者的心理」，最後更以一把爺爺留下的老斧頭，打動總統對家鄉農場的掛念，成功地打入了消費者的心。

當大多數人都認爲這是項難以完成的任務時，我們卻看見赫伯特克服的自信，也看見他運用行銷技巧，成功地完成這項艱難的任務。

當然，我們也從中得到了一份啓發：「沒有辦不到的工作，因為再大的難題都有一把解開的鑰匙。」

所以，遭遇困難或失敗的時候，要堅信自己一定能完成任務，方法就在我們的腦海中，只要我們對自己有信心。

信念堅定，就能面對任何困境

只要真心想做，只要不失去堅定的信念，只要給自己一個堅定的信念，就能面對未來所有挑戰。

法國文豪大仲馬曾經在著作中寫道：「未來有兩種前景，一種是猥猥瑣瑣的，一種是充滿理想的。上蒼賦予人自由的意志，讓人可以自行選擇，你的未來就看你自己了。」

一個人的心態會決定自己的未來，想改變未來，就必須用積極進取的態度面對現在。重要的並不是你遭遇什麼，而是你用什麼心態面對。只要認眞生活、活在當下，人生就會時時充滿驚艷。

人類常常會表現出常理無法相信、理解的能力，甚至連科學都無法證實爲何人類有那麼強大的力量和韌性。

有人認爲那是上天給予的奇蹟，或者是幸運之神的降臨，但這些說法都無法清楚解釋人類力量的來源。事實上，人類擁有的強大精神力量、信念和意志力，才是面對所有不可能事物的奇蹟。

第二次世界大戰期間，有一個女孩子流亡海外，無依無靠，幸運的是，她能講一口流利的英語和法語，因此被英國特務組織看中，受邀加入。

然而，她並不適合特務工作，因為她性情急躁、沒有耐性，所有的同事都認為讓她做間諜，無疑是為敵國送上一座秘密的寶礦。果然，所有的訓練過程對她幾乎都沒有用處。

有一次，組織讓她拿一份敵國駐軍圖，送交給地下情報員。她到了接頭地點後，卻怎麼也想不起接頭暗號，情急之下，索性把地圖展開，對著來來往往的人群進行試探：「你對這張地圖感興趣嗎？」

幸運的是，她很快遇上了兩位地下情報員，他們扮做精神病人，迅速地掩蓋這個可怕且致命的錯誤。

不僅如此，她認為愈是繁華的地段愈是安全，於是自作主張，把秘密電台搬到了巴黎的鬧區中，可是她不知道，蓋世太保的總部就在離她一街之遙的地方。

終於，一天夜裡，蓋世太保把這個膽大妄為，正在發報的間諜逮捕了。

英國特務組織後悔不已，如果這個天真的姑娘在蓋世太保的刑求下，毫無保留地說出一切，那麼，對在法國的特務組織將是一個重創。

出乎意料的是，蓋世太保用盡了各種殘酷的刑罰，都無法讓她吐出一句話來。

二戰結束後，英國政府追授她喬治勳章和帝國勳章。這樣一個不稱職的間諜，竟獲得了英國政府的最高獎賞。

對此，官方的解釋是：「對敵國而言，夢寐以求的是間諜的背叛，這等於無形的巨大寶藏。這個女孩做事方式雖然魯莽，至今卻沒有吐露任何一個字。一個人雖然需要技巧和智慧，但最不能缺少的，是原則和信念，這就是一個間諜最本

位、最出色的地方。我們從沒懷疑過她是一位優秀的間諜。」

這個女孩的名字就叫努爾，曾是一位印度王族的嬌貴女兒。

誠如日本零售業大亨中內功說的：「人類原本是軟弱的，但是只要帶著信念或是使命感開始行動時，不知怎麼搞的，人類就會變得強韌了。」

面對慘無人道的酷刑，讓人求生不能、求死不得，再加上精神虐待，種種折磨讓人不敢想像，一個再怎麼能忍耐的人，都可能放棄一切以求解脫。

可是，性情急躁的努爾克服了。

就像歷史上許多革命英雄一樣，一切都是爲了一種信念，爲了人民的福祉，才能忍人所不能忍。

一般人沒有那麼大的志向，也能有這麼大的能力嗎？

是的，只要眞心想做，只要不失去堅定的信念，當我們做出決定的那一刻，一個人一生的評價也注定了。只要給自己一個堅定的信念，就能把壓力化爲前進的動力，勇敢地面對未來所有挑戰。

你的未來只有自己可以安排

在我們判斷一個人的所作所為時，應該謹慎，不要使用負面的言語。讚美和肯定，是讓人成長的養分。

一個人的未來，並不是三言兩語就可以決定的。然而，許多尚未成長、健全的心靈很容易受到他人影響，往往會因爲旁人的幾句話就改變自己的未來，這是一件非常可惜的事。

巴爾札克是十九世紀法國偉大的批判現實主義作家，他的小說善於以外形塑造來反應人物的內心世界。

他曾聲稱，能根據一個人的字跡判斷那個人的性格並推測那個人的前途。

有一天，一位住在巴爾札克家附近的老太太，拿了一本小學生的作業簿，想請巴爾札克分析作業簿主人的性格。

巴爾札克翻了翻作業簿，若有所思地想了想，略帶猶豫地對老太太說：「這個孩子是您的孫子嗎？」

老太太答道：「沒關係，您只管直說好了。」

巴爾札克鄭重其事地說：「這個孩子個性浮躁、任性，而且無心學習，只喜歡玩樂。如果家長不嚴加管教，他的前途將不堪設想！」

老太太聽完巴爾札克的分析並沒有露出憂愁神色，反而忍不住笑了起來。她說：「親愛的孩子，這本作業簿是你孩提時期寫的啊！」

巴爾札克頓時啞口無言。

人類的思想和行爲是息息相關的，負面的暗示會讓一個人失去信心。同樣的，一個人若受到重視，能體認到自己的存在感，自然會往好的方向成長。

或許巴爾札克幼年時期的確是一個浮躁、好動、不喜歡學習的孩子，可是他的未來並不像自己斷言的，「前途不堪設想」。

一個人的生命，會因爲碰上一些小小變化而有所改變，這些小小的變化或許會成爲生命中最關鍵的轉捩點。

在這個社會上有許多自以爲很有歷練的人，常常不加思索就脫口說出否定他人的話，甚至改變了他人的命運。但是，沒有任何人能夠輕易評斷一個人的未來，隨便替他人做決定。

在我們判斷一個人的所作所爲時，應該謹愼，不要使用負面的言語，儘量以讚美代替指責，將負面暗示轉爲正面鼓勵，慢慢引導他走向正確的道路。

讚美和肯定，是讓人成長的養分。

不劃地自限，才有突破性發展

不劃地自限的人，才能真正地掌握成功所必需的條件，而不受那些摻雜了過多無關緊要的「應該」與「不應該」影響。

在我們的社會中，常常有許多約定俗成的觀念，告訴我們這個應該做、那個不應該做，更常會聽到許多自我設限的說法，就好像過去會有女孩子不應該從事什麼行業等等守舊的觀念一般，這只會無端窄化了自我的發展。

這些劃地自限的心理圍牆，很可能使我們錯失掉成功的機會。

加拿大有個著名的「筷子大王」，叫依恩・沃得。

他原先做的是木材生意，但事業經營得並不怎麼成功。有一年，他到日本和韓國觀光旅遊，在盡興地遊山玩水之餘，發現日本人和韓國人用餐不像西方人用刀叉，而是用筷子。

重要的是，兩地筷子的消耗量非常大，因為他們很講衛生，不喜歡別人用過的筷子，用過就扔進垃圾筒裡。而且，日本人只用木筷，不用塑膠筷。

依恩又考察了日本的木材市場，發現因為日本缺乏森林資源，因此木材價格要比北美高出四倍以上。

依恩由此產生了這樣一個靈感：如果在北美選一個地方，建造一個筷子加工廠，將筷子打進亞洲日本、韓國等地的市場，一定能賺錢！

經過實地考察和多方驗證之後，依恩選中了美國的明尼蘇達州一塊地方作為廠址。因為此處盛產白楊樹，用這種木材做的筷子潔白、光滑、漂亮，一定會得到用戶的青睞。

於是，他拿出全部的財產作為辦廠的資本，但資金缺口依然很大。他東奔西走，各處遊說，多方籌款，但大部份的銀行、財團和公司，或者興趣不大，或者

疑慮重重，遲遲都不肯貸款。

只有一家大銀行被他的熱情和幹勁打動，派了副董事長隨他專程去日本考察，終於明白他興辦筷子工廠的計劃是確實可行並有利可圖的，這才答應給予支持。

當地政府也認為依恩辦廠既能提供就業機會，又能振興地方經濟，主動為他籌集了五十萬美元的款項。

機器開始運轉了，經過多次試驗，光潔漂亮的筷子終於問世，一投入市場，馬上被搶購一空。

依恩的現代化筷子工廠於一九八七年十月正式投產，光是一開始的九個月，便向日本出口筷子一千二百萬雙；到一九八八年底，產量達到十二億雙，銷售額為一千四百萬美元，獲純利四百萬美元。

依恩的成功使亞洲一些筷子廠老闆感慨萬分，紛紛說：「真想不到，東方人拿的筷子，竟是由使用刀叉的西方人生產！」

誰說用刀叉切肉的西方人就不能做拿筷子吃飯的人的生意？

正因為依恩不被這種劃分地域的思考模式侷限，才能在遙遠的亞洲開出勝利的花朵。商業無國界，依思的心中，不存在所謂「地域」的差別，只有成本與收益等實際上的考量，正是成功的主因。

不論做什麼事，或多或少都會遭遇壓力。一遇到壓力就不敢面對的人，會把眼前瓶頸當成無法突破的障礙，只有勇於承受壓力的人，才會把它當成讓自己迅速成長的助力，讓它成為躍向成功的墊腳石。

把心中的「不可能」拿掉吧！一個不劃地自限，不被心理圍牆阻擋的人，才能眞正地掌握成功所必需的條件，而不受那些外在的、摻雜了過多無關緊要的「應該」與「不應該」影響。

別人做得到的，你一定也能

別人能，你一定也能，只要你付出的跟別人一樣多，相同的目標、終點，很快地你也會到達。

作家湯瑪士．富勒曾經寫道：「自信是突破人生逆境的心靈燃料。」

確實如此，一個缺乏自信的人永遠無法成就任何大事。

「別人能的，我一定也能」，一定要這樣充滿信心，鼓足勇氣，給自己多一些實現目標的動力，你就比別人多一些成功的保障。

有個出身奴隸階級，名叫狄斯雷利的英國男孩，經常充滿信心地對人說：「別人做得到的，我一樣也能！」

猶太裔的狄斯雷利，血管裡似乎真的流著猶太人頑強不屈的血液，從來不認為自己是個奴隸，更不認為自己將來會是社會底層的卑微人物。

他堅信，憑著自己的智慧．信心和努力，任何障礙他都能戰勝，並且成功跨越。就算整個世界都和他作對，他也會不斷用歷史名人的光輝業績來提醒自己：約瑟，是四千多年前埃及的最高主宰，丹尼爾則是在基督誕生前五世紀，成為世界上最偉大的帝國元首……

志向遠大的狄斯雷利，從小就堅持著自己的夢想，將努力實踐的企圖心，深深紮根於現實生活中。

他從社會的底層開始努力向上爬，一步步地踏上中產階層的行列。後來，經過不懈的努力和奮鬥，終於讓他進入英國的上流社會，最後還登上進入了權力金字塔的頂峰，當了二十五年英國首相。

狄斯雷利通往成功的道路上，遇到的荊棘和坎坷，或面對的蔑視、嘲諷，以及後來眾議院裡的噓聲、辱罵，都要比別人多上一倍，但是，他都一一勇敢面對，

也一一加以抵抗，一點也不讓這些屈辱阻擋他前進的腳步。

每當面對挑戰，他總是冷靜地回答說：「總有一天，你們會認識我的價值，總有一天，我的成功也一定會到來。」

後來，這樣的時刻真的到來了，這個曾經被許多人否定過的男孩，終於憑著智慧和信心出人頭地，而且還主宰了英國的政治整整四分之一個世紀。

詩人紀伯倫曾說：「你過得是否幸福，並不是以什麼事發生在你身上來做決定，而在於你用什麼態度看待這些事情。」

人要學會在失意、挫折中改變觀看事情的角度，抱怨只會累積負面情緒，讓你心情越來越糟糕，日子越來越愁苦，最後活在痛苦不堪的深淵。

思想家盧梭曾經寫道：「如果一個人打從心底就懼怕痛苦，懼怕困難，懼怕不測的事情，那麼他永遠也成就不了什麼大事。」

這句話告訴我們，假如一個人在內心充滿著「辦不到」、「不可能」的消極想法，那麼，他最後就眞的會辦不到那些不可能的事情。

要像狄斯雷利說的：「別人能做到的，我一定也能！」這樣的話語也經常出現在勵志語錄中，從出生開始，每個人的機會本來就站在平等線上，所有的差距，也都在於個人的努力與否。

別人能，你一定也能，只要你付出的跟別人一樣多，相同的目標、終點，很快地你也會到達。

如果你體力不如人，那麼你只要再多付出一些時間，增進自己的智慧和信心，堅持下去，你也能到達得標終點，拿到錦旗。

眼界決定你的世界大小

沒有人可以一帆風順，一時的失意算不了什麼，那不過是生活中的一個小經歷，他人的否定始終都贏不了我對自己的肯定。

惠特尼曾說：「一個人的世界大小，由他的視界是否寬廣來決定。」

的確，一個人的「視界」是否寬廣，決定了他的世界大小。擁有寬宏眼界的人，即便身處「井底」，他的世界也絕對不會侷限於眼睛所看到的那片天，但是，眼界狹小的人，他的世界就眞的只有自己所處的「井底」那麼大。

每當我們跌倒的時候，總是急於尋找別人的安慰，然而，面對困境的時候，如果不懂得改變自己的想法，就算有再多的安慰，又能改變多少既定的事實，獲得自己想要的成功呢？

史蒂夫．賈伯斯在二十二歲時便創建了蘋果電腦公司，接者又獨步全球，研製出了麥金塔電腦。

二十九歲時，史蒂夫．賈伯斯已經是全球聞名的電腦公司總裁，不僅是個經營奇才，更是世界級的富豪。

但好景不長，就在他如日中天的時刻，好運似乎已用光了，在一九八五年的第二季財務報表中，公司首次出現了赤字。不久，他更因為在一場董事會中與經營精英意見相左，而遭到董事會解僱，其中還包括他一手扶植的麥金塔部門的工作。

賈伯斯萬萬沒有想到，他親手培育成功的蘋果公司，居然會這樣對待他，一氣之下賣掉手中的所有股權，離開了蘋果公司。

那天一回家，他便癱在沙發椅上，一幕幕艱辛的創業場景，不斷地湧現，原本應當是美好的回憶，如今全成了烈火，燒得他渾身是傷。

迷迷糊糊之中，賈伯斯竟然發現自己不知不覺地走到了伊甸園，還看見了正在散步的「上帝」。一看見上帝，賈伯斯連忙滿腹委屈地哭喊道：「上帝啊，為什麼我會遭受如此不公平的待遇？」

上帝沒有回答他的困惑，卻說起他自己這些年來的遭遇：「史蒂夫啊！自從我創造世界的那一天開始，我便受到許許多多被我創造出來的人們，沒完沒了的評點與指責，相信這個情況你很清楚。像是被人稱為十九世紀最了不起的哲學家尼采，不就說：『上帝已死』，而米丘爾．德．烏娜姆諾則批評：『上帝變了』？更讓人難以容忍的是，保羅．沙特居然說：『人是真正的上帝』，如此否定我的言論，居然還讓他拿下諾貝爾獎。面對這些情況，我還告訴你什麼？連我口授的聖經，也讓許多人批評得一無是處，和我比較之後，你想想，還有誰的冤屈會比我大？況且你們的冤屈還有處伸張，可是我的冤屈能到哪兒申訴？」

史蒂夫．賈伯斯聽完上帝的話，滿臉羞愧，連忙想找地方躲避。

「砰！」史蒂夫跌坐在地上。

「原來是做夢啊！」

清醒後的史蒂夫，沒有忘記夢裡的故事，雖然是一場夢，但是夢裡乾坤他卻深有所感，從那一刻開始，他開始反省。

不久，他成立了自己的公司，對於員工們不再過分苛求，並努力學習經營之道，更學會了與他人合作、分享。

一九八九年，他買下了Pixar動畫電影公司，並引進最新的電子技術，他用「○」和「一」畫出來的玩具，第一次讓迪士尼世界的那隻獨霸天下的「米老鼠」深感威脅。

一九九七年，蘋果公司在瀕臨倒閉之際，他們再次想起了賈伯斯，而成功重新振作的賈伯斯也不計前怨，接受了舊公司的重託，肩負起振作蘋果的重責大任。他先是進行了一系列的改革，之後更與勁敵微軟公司握手言和，締結了「世紀之盟」，很快地，在死亡漩渦中掙扎的蘋果再復活，這一切都要歸功於賈伯斯的那場夢。

亞瑟·艾許曾說：「一個人的眼界，決定他可以擁有多大的成就。」

一個懂得將眼光放遠的人，世界將無比遼闊，絕對不會像眼光狹窄的人，一味沾沾自喜於眼前的一丁點成就，動輒患得患失，他會讓自己站得更高，看得更遠，望向更寬廣的視野。

看著賈伯斯的夢，其實我們也看出那其實只是一個簡單夢境。

那是陷入困境中的賈伯斯給自己的一個心理暗示，也是一股在他的潛意識裡不肯服輸的堅強力量。

試著重新詮釋這個夢境，我們會得到這樣的一個啟示：「沒有人可以一帆風順，即使是人人精神寄託所在的上帝，也會有被人質疑的時候。一時的失意算不了什麼，那不過是生活中的一個小經歷，別人的否定始終都贏不了我們對自己的肯定。」

處在困境中的你，是否也得到了賈伯斯給予的這份暗示呢？

堅持原則才能顯現特色

一個人的成敗經常決定於他的性格與態度，而一個人的性格與態度也必定會具體地反映在他事業經營的大方向上。

儘管你決然地告訴自己：「我一定要堅持我的原則，絕不妥協！」然而，當主管的臭臉一擺，或朋友、同事們的嘲諷聲一起發出，你所堅持的原則還有多少力量能繼續支持下去呢？

那年，羅斯恰爾來到了耶路撒冷，開了一家名叫「芬克斯」的酒吧，在這間只有三十平方米的小酒吧裡，幾乎是天天客滿。

有一天，羅斯恰爾接到了一通電話，話筒中傳來的是個十分委婉的聲音，對方說：「對不起，我和我的十位隨從今晚想到您的酒吧中休息，可否請謝絕其他顧客進場？」

羅斯恰爾一聽，毫不猶豫地拒絕道：「嗯，你們可以來，但是我不會謝絕其他顧客，因為那是他們的權利。」

電話那頭的人，聽見酒吧老闆毫不通情地拒絕，只好說出了自己的身分：「對不起，其實我是出訪中東的美國國務卿季辛吉。」

當季辛吉說出自己的身分時有點後悔，因為他原本沒有計劃要到酒吧裡玩，然而就在他中東議程即將結束時，友人向他力薦這間「芬克斯」酒吧，這才讓他充滿了好奇。

只不過，這樣神秘而特殊的身分，對羅斯恰爾根本起不了任何作用，他仍然禮貌地回答季辛吉：「謝謝您垂愛本店，本人深感榮幸，但是，我實在不能因為您的緣故，而將其他的人拒絕於門外，這樣不合情理的事，我實在辦不到。」

季辛吉一聽，感覺面子似乎有些掛不住，便立即生氣地掛掉電話了。

第二天傍晚，羅斯恰爾又接到了季辛吉的電話，電話中，他先是對自己昨天掛電話的舉動表示道歉，接著還說：「我這次只帶三個人，且只訂一桌，你不必謝絕其他客人，這樣應該沒問題了吧！」

沒想到，羅斯恰爾竟這麼說：「非常感謝您的鍾愛，但是，我還是無法滿足您的要求耶！」

季辛吉口氣不佳地問：「為什麼？」

羅斯恰爾說：「對不起，因為明天是星期六，是本店的例休假日。」

為了美食，季辛吉壓抑住情緒，客氣地說：「但是，我後天就回美國了，您能否破例一次呢？」

沒想到，羅斯恰爾仍堅定地說：「對不起，因為我是個猶太人，您是知道的，禮拜六對猶太人來說，是個相當神聖的日子，如果這天我破例營業，那會玷污了神祇。」

季辛吉一聽，無奈地說：「那好吧！」接著便掛斷電話了，從此他始終都未踏進這間小酒吧一步。

看完這個故事，也許有很多人會感到好奇，這樣的服務態度，怎麼會是間好店家呢？

事實上，這間小酒吧確實相當著名，因為美國的《新聞周刊》在評選世界最佳酒吧時，芬克斯酒吧連續好幾年都被選入為世界最佳酒吧前十五名。或許是季辛吉沒有口福，然而一間只有三十平方米的小酒吧，竟然能名列世界酒吧中的前十五名，其中的原因或者已不言而喻。

你覺得芬克斯酒吧出名的原因是什麼？

因爲老闆拒絕了鼎鼎大名的季辛吉？還是因爲老闆是個猶太人？又或者是因爲老闆的「堅守原則」？

無論你認爲答案是哪一個，我們從經營者的性格角度來看，羅斯恰爾可說充分地展現了他的「執著」與「不妥協」性格，這些讓我們相信，他在經營酒吧時，必定能謹守他的「責任」與「理念」。

所以一個小小的堅持，不僅代表著他經營酒吧的態度，也更表現羅斯恰爾在品管上的踏實和品質保證，而這些大地方我們之所以能從小地方發現，是因爲一個人的成敗經常決定於他的性格與態度，而一個人的性格與態度也必定會具體地反映在他事業經營的大方向上。

於是，當我們肯定著羅斯恰爾的成功時，是否也可以問一問自己，如果相同的事發生在我們身上，自己會像羅斯恰爾一樣堅持到底，還是屈服於季辛吉的名號，又或是有其他更好的解決方法呢？

只要有決心，就一定能美夢成真

美夢破碎了又如何？人生的旅程仍得繼續前進，即使再回到原點又如何？你怎麼知道，這說不定是我們夢想人生的開始？

作家哥爾斯密曾經寫道：「不論在那裡，不論你是誰，自己的幸福要靠自己去創造、去尋覓。」

人生本來就充滿選擇，如何面對發生在自己眼前的事情也是一種選擇，你的態度將決定你未來的人生道路。

當你徬徨、迷惑，不知道自己該往何處走的時候，千萬不要心慌意亂，先讓失去方寸的心冷靜下來，然後問問自己問題到底出在哪裡，要如何解決。

沒有決心的人，很容易陷入三心兩意的迷霧中，儘管他的理想構築得相當健全且完美，但終究只會流於一場紙上談兵的空談。

在美國，有個名叫雷克洛的人，在他出生的那一年，正是西部淘金熱結束的時期，一個原本可以讓他發財的時代就這麼與他擦肩而過。

原本，雷克洛可以順利地在讀完中學後，繼續升上大學。

但是，一九三一年忽然爆發了美國經濟大蕭條，讓雷克洛頓時跌入貧困生活中，也失去了繼續求學的機會。

被迫休學的他，不久後，開始四處打工，一直到接觸了房地產業後，他才下定決心，要好好地闖出一番作為。

只是好不容易才建立的決心，卻遭逢第二次世界大戰的戰火，企圖心一下子被烽火煙薰得迷失了方向，戰爭讓房價急轉直下，只見雷克洛付出的心血硬生生地化成灰燼。

但沒有就此放棄自己的雷克洛，再次回到了「打工謀生」的生活中，從救護

車司機到鋼琴演奏者，甚至連攪拌器推銷員也嘗試過。

就這樣，幾十年過去了，在不斷迎面而來的逆境和不幸中，雷克洛堅強地面對命運的捉弄，雖然遭遇的挫折未曾間斷，但他的生命熱情從未消滅，反而更加積極地執著追求。

直到一九五五年，他才又回到了老家，變賣掉家裡微薄的產業，開始投資做些小生意。

有一天，雷克洛發現，麥當勞兄弟開的快速餐廳生意非常好。

於是，他慢慢地研究觀察他們的經營方式與這方面的市場，最後得到結論，餐飲事業是一個相當具有潛力的行業。

於是，已經五十二歲的雷洛克，決心投入餐飲行列，雖然一切得從頭開始，但是他一點也不在意，甚至還到麥當勞餐廳打工，學習製作漢堡的技巧。

當他聽說麥氏兄弟有意讓出這間餐廳時，雷克洛竟毫不猶豫地借了二百七十萬美元將它買下。

經過了幾十年的苦心經營，如今「麥當勞」已經成為全球最大的漢堡速食公司，國內外擁有一萬多家連鎖分店，據統計，全世界每天光顧麥當勞的人至少有一千八百萬人次呢！

沒有被命運擊倒的雷克洛，一再地從跌倒中站起來，堅強的生命活力一再地展示著：「美夢破碎了又如何？人生的旅程仍得繼續前進，即使再回到原點又如何？你怎麼知道，這說不定是我們夢想人生的另一個開始？也許是成功的關鍵所在呢！」

雖然逆流而上非常艱辛，只要你有決心，只要生命的熱情未減，再頑強的逆境也阻擋不了我們的前進力量。

只要你的企圖心不變，只要你的生活動力未失，那麼下一個創造「麥當勞」奇蹟的人，肯定是你。

6. 機會總是出現在轉念之間

沒有人能預料到機會何時會出現，

但很多時候，機會只在你的轉念間，

一個轉念，機會便能掌握在手中，

一個轉念，也會是個錯過。

成功沒有固定公式

活化我們的思考能力，不要讓固定的概念阻礙了我們的思路，這才是我們真正的生活之道。

人必須不斷檢討自己的失敗經驗，並且從中獲得全新的創見，如此才能不斷強化自己的思維能力，走出一條通往成功的智慧道路。

成功沒有固定的模式，唯有清除思考上的絆腳石，人才可能創造讓別人刮目相看的成果。

有位教授為了研究黑猩猩的智商到底到達什麼程度，曾經做了一項實驗。

他將一串香蕉懸掛在房屋的天花板上，高度讓黑猩猩即使拼命往上跳也搆不著。另外，教授也在房間的角落裡堆放了幾個空木箱。

這個實驗的目的是，如果黑猩猩懂得去搬動那些空木箱，並將木箱疊高，成功地摘取香蕉，那麼這便說明了，黑猩猩具有應用工具的智慧。

實驗開始之後，教授和學生們一起進行研究，並且仔細地觀察黑猩猩在房裡的一舉一動。

起初，黑猩猩不斷地以跳躍的方式，企圖摘取香蕉，但是每次都失敗，不久後牠便放棄了，只是靜靜地蹲在牆角，無可奈何地望著天花板上的那串香蕉。

黑猩猩偶爾會經過木箱旁，但是，卻對木箱一點反應也沒有。

這個實驗進行了好幾天，情況似乎陷入膠著狀態，一點進展也沒有，教授只好走進實驗室裡，背著手在房裡踱步，思考著下一步要怎麼做。

沒想到，就在這個時候，卻發生了令人意想不到的事。

當教授接近香蕉的位置時，這隻黑猩猩突然竄了上來，然後搭著教授的雙肩一躍而上，就這麼將天花板上的香蕉輕鬆地摘取下來。

教授對這突如其來的情況，驚訝得說不出話來，因為，他從沒想到實驗的結果竟然會是這樣。

當你在尋找問題的解決方法，或是在學習、研究時，你是堅守著既定公式，還是會試圖尋找創新的方法？如果你抱持著既定的公式，有時就像故事中那位教授的思路，只會讓問題得不出眞相。

故事中的那位教授以人類的思考模式，試圖測試出黑猩猩的智商，認爲關鍵在於牠懂不懂得運用那些木箱，誰知道結果竟出乎他意料。

這個有趣的故事無疑告訴我們，遇到難題，不要將事物界定在自己的認知範圍，而要活化我們的思考能力，不要讓固定的概念阻礙了我們的思路，這才是眞正的生活之道。

限制我們發展的，往往不是因爲缺少機會，而是根本沒察覺機會就在自己身邊；導致我們陷入困境的，其實不是環境惡劣，也不是景氣糟糕，而是我們太過僵化，太過自以爲是，不願意改變根深柢固的想法。

每一次失誤，都是成功的前奏

如何把失誤的懊悔，修正為正確的新方法，其實只需要一點創意與膽識。

許多正確的結論或是甘美的果實，其實是從不經意的錯誤中獲得的。發生錯誤的時候，明智的人不會光坐著懊惱，而是會積極而樂觀地尋找其他方法加以補救。

威爾．凱洛格年輕的時候，曾在哥哥開設的療養院做雜工。雖然是親兄弟，但威爾的哥哥約翰卻是個十分吝嗇的人，支付給弟弟的工資非常少。

有一天，一個陰錯陽差，讓威爾的命運有了重大的變化。

那天晚上，威爾前來協助哥哥試製一種容易消化的新食品。

到了晚上十點，所有的工作人員都已經下班，只剩威爾·凱洛格一個人仍在廚房裡辛苦地工作著。

威爾是個非常有幹勁的人，只要一投入便停不了手，非得把事情做到最好才肯收手。他將麵團放進熱水裡燙，接著再放進鍋裡煮，並從長短不一的烹煮時間裡測驗，以找出最好的效果。他用麵桿將煮好的麵團擀成薄片，並分批堆在一個地方，等著第二天來看成果。

忙碌了一個晚上，不知不覺已經夜深了，威爾匆匆地收拾好工作環境，這才拖著疲憊不堪的身子，離開了廚房。

但是在臨走時，他卻忘了一個被反扣在大盆底下的麵團。

第二天早上，威爾一醒來便想起了這個失誤，連忙趕到廚房。

他揭開了大盆，拿來了麵桿，想試著救回這個麵團，不料才捉起這個麵團，便在手上捏碎了。原來，過了夜的麵團受了潮氣，所以一拾就碎，無法再使用了。

威爾不敢將此事告訴哥哥，卻也不敢將已經碎掉的麵片扔掉。於是，他偷偷地將這些碎片煮了一點，試試還有沒有辦法補救。

就在他品嚐過後，發現味道和過去的麵片完全不同，沒有嚐過這種滋味的威爾，以為是自己的味覺出了狀況，一時間也想不出問題所在。

這時，哥哥忽然走了進來，催促著威爾快把麵片煮好，送去給病人們。

威爾看著剛煮好的新麵片，雖然無法吃出和過去的食材有何不同，但是口感還不錯，便壯著膽子，將碎麵片煮好送給病人們品嚐。

不料，所有病人吃過這個碎麵片後，居然個個讚不絕口，哥哥對此事也感到奇怪，一再逼問弟弟究竟在麵片裡放了什麼東西，威爾不得已，只好說出事情的真相。

於是，他們便將新發明出來的食品稱之為「麥片」。

不久，他們更將這個麥片食品推銷至市場上，從此「威爾麥片」便成了美國人生活上必備的健康食品，他們兄弟倆也繼續研究，開發出大麥片、燕麥片、玉米片……等新的健康食品。

貝塞麥曾經寫道：「創意是致富的知識貨幣。」想要在競爭激烈的商場上拔得頭籌，擁有多少資本並不重要，重點在於是否擁有比金錢更重要的創意。

但是，創意往往是可遇不可求的。「有心栽花花不開，無意插柳柳成蔭」，這正是威爾兄弟的寫照。如何把失誤的懊悔，修正爲正確的新方法，其實只需要一點創意與膽識。就像威爾一樣，只要化被動爲主動，積極地扭轉乾坤，有時反而會爲自己開創另一個人生的巔峰。

現在的你正敲著腦袋，對自己發生的失誤感到懊惱嗎？歇一會兒吧！將失誤重頭到尾想一遍，讓腦筋轉個彎，相信就算你無法發現另一個創意的奇蹟，至少也能理解，當下次遇到同樣的狀況，應當如何妥善面對，才能把事情處理得更好，不致於重蹈覆轍。

機會總是出現在轉念之間

沒有人能預料到機會何時會出現，但很多時候，機會只在你的轉念間，一個轉念，機會便能掌握在手中，一個轉念，也會是個錯過。

法國文豪巴爾札克曾經寫道：「機會來的時候，像閃電一般短促，如果你在之前沒有做好準備，根本來不及抓住它。」

確實，機會往往稍縱即逝，因此當它降臨之前，必須適時抓住，才能比別人掌握更多成功的機會。

生活中，成功的元素總是以隱性基因出現，我們無法從外在的人事物中猜測成功的可能，因此，唯有耐著性子，預設任何機會的可能性，才能從中獲得每一次成功的機遇。

一九九三年一月，世界著名的戴爾電腦公司總裁麥克．戴爾，為了進行跨國合作，和日本新力公司的人員進行了一次重要的會晤。

會談之中，他們討論著新力已經發展出來的顯示螢幕、光學磁盤及CD-ROM等多媒體技術。

當會議結束時，戴爾便立刻起身往外走，這時的他只想快點回到酒店休息，因為這幾天密集協商實在太疲勞了。

但是，忽然有個年輕的日本職員，跑到戴爾面前對他說：「戴爾先生，請您等一下，我是能源系統部門的人，希望能和您談一談。」

「能源系統？」戴爾心裡想：「這傢伙該不會想賣發電廠給我吧？」

戴爾當時實在很疲倦，很想出言回絕，但是看到這個年輕人滿臉真誠，於是決定留下來幾分鐘。

他說：「好吧！先生，我很有興趣和你談一談。」

於是，這個年輕人拿出了一張又一張的表格，上面寫滿了關於一種新電池的功能，他把這種電池稱為「鋰電池」。

原來，他想把鋰電池賣給戴爾公司，供戴爾公司的筆記型電腦使用。

明白這個日本職員的目的後，戴爾忽然想起許多使用筆記型電腦的顧客抱怨說，他們很希望筆記型電腦的電池壽命能夠長一點，後來他們也做了實驗，發現鋰電池的蓄電力可以持續四個小時以上。

他目不轉睛地看著這個年輕人，忽然感覺到無限的商機就在眼前，不久，他們便開始合作，而且鋰電池果真成為一項突破性的新科技。

戴爾公司將鋰電池配備於某些機種中，使得該機種的電池使用壽命超過了所有紀錄。

這項突破使得戴爾公司的筆記型電腦銷售量大增，原本在一九九五年第一季財務報表中，只佔整體收入的百分之二，到了第四季便達到了百分之十四。

日本經營之神松下幸之助曾經這麼說：「做生意要有洞察行情與先發制人的

能力，因為，這是真刀真槍的決鬥，只許贏，不許輸。」

唯有充滿智慧的人，才洞察出現在自己眼前的大好機會。對戴爾來說，這個向他推銷鋰電池的年輕人，無疑是個從天而降的機遇，但當時他若以疲憊爲由加以推辭，非但會錯失了獨佔鰲頭的機會，恐怕還會被競爭對手遠遠拋在腦後。

戴爾電腦公司率先配備鋰電池的機遇告訴我們，沒有人能預料到機會何時會出現，但很多時候，機會只在你的轉念間，一個轉念，機會便能掌握在手中，一個轉念，也會是個錯過。

用想像力經營自己的人生

培養自己豐富的想像力吧！開開心心地面對你的生活，那麼你會更有信心地前進與開拓，打造一座屬於自己的新城市。

人生當然要有夢想，但是，我們要試著做可以實現的美夢，不是一覺醒來就什麼都忘了的幻夢。

千萬要提醒自己，每一個成功者都會有許多夢想，同時他們也會積極地盯住這個夢想目標，努力前進。

有三個年輕的工人汗流浹背共同砌一堵牆。

這時，有個閒著發慌的人走過來問：「喂！你們在幹什麼？」

第一個人沒好氣地說：「你沒看見嗎？我們在砌牆啊！」

第二個人抬頭笑了笑，說：「我們在蓋一幢高樓。」

至於第三個人，則邊做邊哼著歌，滿臉笑容地回答：「我們啊，正在建設一個新城市喔！」

三個不同的回答，代表著三種截然不同的心態，三個人後來的發展當然也截然不同。

十年後，第一個工人在另一個工地上努力砌牆，第二個工人則坐到了辦公室裡，畫著建築藍圖，因為他成了工程師，至於第三個工人，則成了另外兩個人的大老闆。

也許會有人說，第三個人只不過是態度樂觀，想像力豐富了些，爲什麼會比其他兩個人更有成就呢？

其實，正因爲他樂觀地運用自己的想像力，使他對自己的未來充滿願景，並

且積極規劃自己的前途，才會有後來的成就。

故事中，有人抱怨生活，有人開心面對，有人建築夢想，那麼如何才能生活幸福、事業成功？相信你已經從中找到方法和答案了。

比爾蓋茲曾說：「發現機會的智慧與想像力，是這個競爭激烈的商業社會裡，你唯一能夠依賴的競爭優勢。」

培養自己豐富的想像力吧！開開心心地面對你的生活，那麼你會更有信心地前進與開拓，打造一座屬於自己的新城市。

藏在兩顆蘋果裡的奇蹟

每個人身上，必定都會有一項天賦，也許它不受人們認同與肯定，但只要有我們自己的肯定，它就一定會有伸展的機會。

沒有人應該被放棄或否定，除非我們自己先放棄了自己，一如人人擔心的喜憨兒，只要我們和他們自己不放棄，他們一定能成功地擎起自己的一片天空，並快樂地乘雲悠遊於各自的人生。

出生在巴黎一個貧困家庭的貝爾蒙多，是個學習較為遲鈍的小孩，一直學無所成的他，讓母親十分擔心。

十幾歲的時候，貝爾蒙多被迫輟學，面對母親疲憊的臉，他除了懊惱沮喪之外，就只能把家收拾得一塵不染或做些小點心，期望能用這些表現來博得母親的寬心微笑。

有一天，他用心將蘋果做成美味可口的小甜點，希望能得到母親的稱讚，沒想到，這番美意反而讓母親對他更加憂心。看著兒子無心於功課，她只好放任不管了。

不久之後，貝爾蒙多在一個偶然的機會裡，應徵到巴黎的一家豪華酒店工作。由於貝爾蒙多的長相普通，又缺乏特殊才能，總是被指派做一些雜務，沒有任何發展的機會。

直到他被調到餐飲部門，做甜點大師的助手後，情況終於有了改善。

剛開始，他負責一些洗滌水果或配調料的瑣事，後來，甜點師傅也會讓他學習一些製作點心的技巧。

這個機會對貝爾蒙多來說，可說是得心應手。

當時，他唯一會做的一道甜點，是長久以來最常製作的蘋果點心，就是將兩顆蘋果的果肉塞進一顆蘋果中，而這份充滿巧思的甜點，吃起來有著一種特別的香甜感覺。

這天，這道特別的甜點被一位貴夫人發現了，當她品嚐之後非常喜愛，當她知道是新人貝爾蒙多的傑作後，從此便不斷地鼓勵這個憨小子。當然，這個機遇是貝爾蒙多人生的關鍵，從那天開始，貝爾蒙多信心大增，開始不斷地製作出各種美味、可口的小甜點。

由於夫人特別鍾情貝爾蒙多的手藝，每次她來這裡居住時，都會特別點名貝爾蒙多做的甜點。酒店每年都會重新審核員工並進行淘汰，貝爾蒙多因為手藝被發現，讓他站穩了工作地位與機會。

貝爾蒙多說：「這要感謝夫人的賞識！」

到了年終之時，酒店按照慣例舉行了一場慶典，這天每個廚師都要做一道自己最拿手的菜。

當貝爾蒙多出現時，手上也捧著他最愛的一道甜點，那是一道為母親特別發明的蘋果甜點。

他看著家屬席上的母親，淚盈盈地說：「我知道自己是一個很普通的人，即使我曾經想為母親帶來一點點不同，但是始終都不能成功。如今，我總算在這個平凡的工作中爭得了一席地位，而這一切都要歸功於十年前，我為母親做的這道甜點。」

這時，年邁的母親含著淚，一口一口地細細品嚐這道遠近聞名的招牌佳餚，而她也終於明白，她的寶貝兒子並不是一個普通人，當年她忽視了他，所幸上帝並沒有輕視他。

雖然上帝只是給了他兩顆普通的蘋果，但是聰明的貝爾蒙多卻知道，如何用這兩顆蘋果創造不凡。

看著故事中的淚水，你是否也感動得想試試這個蘋果甜點的滋味？

每對父母親對孩子們的期望幾乎一樣，盼望孩子們能有一個美好的未來，期許孩子們能光宗耀祖，更期待孩子們能有一些非凡的成就。

只是，期望這麼多，難免會有失望的時候，但是，只爲了一個小小失望就要放棄孩子，妥當嗎？

沒有人應該被放棄，至少我們不能放棄自己！因爲，在每個人的身上，必定都會有一項天賦，也許它不受人們的認同與肯定，但只要有我們自己的肯定，它就一定會有伸展的機會，也終會有得到別人肯定的一天，就像用兩顆蘋果開創非凡人生的貝爾蒙多一般。

別當「沒出息」的紳士

成功沒有捷徑，老是好高騖遠，只想一步登天的人，永遠也沒有成功的機會。

不可否認的，想要成功或是致富，有時候眞的需要一點運氣，但是，運氣是毫不講道理的東西嗎？

運氣會無緣無故從天上掉下來嗎？

不是的，運氣其實有一定的規律可循，而且通常都是我們可以掌握的，運氣就在一個人的積極行動當中。

貝弗里奇曾經說過的：「機遇只會垂青那些懂得怎樣追求的人。」

許多人總是把希望寄託於飄忽不定的運氣上，期待自己能有運氣，能創造奇蹟，結果往往與成功失之交臂。想要獲得成功，就必須自己先努力，做好充分的準備，成功的機遇出現時才能牢牢抓住。

有兩個年輕人大學畢業後偕伴一起去找工作，其中一個是英國人，另一個是猶太人。

他們懷抱著成功的希望，決心要找到適合自己發展的工作機會。

有一天，他們一起走在街上，同時看到地上有一枚硬幣，英國青年看也不看地就踩了過去，而猶太青年卻立即彎腰將它撿了起來。

英國青年看見猶太青年的這個舉動，不禁露出鄙夷的神情：「你們猶太人連一枚硬幣也撿，真沒出息！」

但是，猶太青年看著英國青年的背影，心裡卻這麼想：「你們英國人真沒出息，竟然故作瀟灑，讓錢白白從身邊溜走！」

接著，他們同時來到一家公司應徵，這間公司規模很小，工作量卻很大，更

糟糕的是資薪很低。

這個英國青年不屑一顧地便走了，而猶太青年卻在評估之後開心地選擇留下。兩年後，這兩個人在街上重逢，猶太青年已經成了老闆，而英國青年卻還在尋找工作。

英國青年帶著妒意，完全無法理解，還忿忿不平地說：「像你這麼沒出息的人，怎麼能這麼快就發達了？」

猶太青年回答說：「因為，我不像你那樣硬要擺出紳士模樣，也不會毫不在乎地從一枚硬幣上走過去，每一分錢我都非常珍惜，就算只是一個硬幣。像你這樣連一枚硬幣都不要，又怎麼會發財呢？」

我們身處的是一個知識經濟的年代，也是一個優勢競爭的年代，僅僅擁有知識和想法是不夠的，那只會讓你架構出懸浮在雲端的空中之城。

就算你擁有超越別人的知識和獨特的想法，也必須腳踏實地，積極爲自己創造機會，才能創造屬於自己的快「億」人生。

英國青年並非不在乎錢，只是眼睛總盯著大錢，對小錢棄如敝屣，忘了大錢是從小錢累積出來的，所以眼中的大錢永遠遠在天邊，永遠摸不著邊。

英國青年的問題，正是現代人們的通病，他們多數不是爲了追求永久的財富，而是只顧眼前利益。

他們很愛錢，但是也同時忽略了「聚沙成塔」的富翁守則。

猶太青年深諳此理，所以他能看見永久的財富，知道很多大老闆也是從掃地工開始，再多的財富都是從一塊錢開始累積。

成功沒有捷徑，老是好高騖遠，只想一步登天的人，通常沒有什麼智慧，這種人鄙視眼前的機會，永遠也沒有成功的機會。

讓自己的「心眼」愈來愈小

讀書能專心，才能充分吸收，讓學習達到事半功倍的效果；工作能定下心性，便不再三心兩意，處事還會更加縝密，更能沉著應變。

人的意識範圍是相當窄小的，通常每次只能接納一個問題，因此，應該讓自己的注意力集中，精神專注於正在思索的問題上，如此才能比別人看見更多的成功機會。

據說，每當德國哲學大師康德準備冥想的時候，總會先在位子上坐定，然後將目光朝著窗外，盯住遠方風車的尖端。

這位哲學大師就是用這樣的方法，寫出了許多偉大的哲學著作。

有人不免會質疑，為什麼這樣子，康德就能創造偉大的哲學思想呢？

康德解釋說，道理其實很簡單，當你專注於某一點時，視野自然就會變小，也就不會被視野外的事物闖入而打斷思考。這種方式會讓你專心於冥思中，當自我意識的範圍縮小了，心境也會因此更加寧靜、澄清，精神更加集中。

當然，你也可以像康德一樣，將類似的方法運用於一般學習中，相信效果也會十分顯著。

譬如，當我們坐在書桌前準備讀書時，可以先選擇一個練習注意力的對象，比如手指、鬧鐘的指針、或桌上的筆尖……等等，然後專心地注視著這個點。

這種習慣慢慢養成後，自然一坐到書桌前，看到了專注的事物，你就能平心靜氣地集中起精神，開始專心閱讀了。

這個方法不僅適用在閱讀時，也可以運用到工作中。工作之時，如果你老是覺得注意力無法集中，不妨在工作台上找一個物件專

心盯著，當習慣養成後，工作時間一到，你只要一看到這個小點，便自然而然地會把注意力集中起來。

很多人學習書法或靜坐訓練，就是爲了要磨練自己的專心與定性。讀書能專心，才能充分吸收，讓學習達到事半功倍的效果；工作能定下心性，便不再三心兩意，處事還會更加縝密，更能沉著應變。

如果你覺得自己的毅力不夠，那麼從現在開始培養注意力吧！讓心性穩定，專注力能集中，當毅力發揮效果的時候，相信連自己都會大吃一驚呢。

凡事不要走一步算一步

成功的目標是由無數的步伐所完成，不過，沒有明確目標的步伐，再多的累積也只是錯印的足跡。

有位企業家曾說：「走一步算一步，那不能算是規劃。」

面對眼前和未來，你是抱著安於現狀，能進一步算一步的安逸態度，還是會給自己一個明確的目標，讓每一步都累積在達成夢想的基礎上？

在一個下著傾盆大雨的午后，有兩個結伴行乞的窮困青年，又冷又餓地倒在大街上，動彈不得，雖然有許多路人經過他們的身邊，但是卻沒有人願意停下腳

步，關心倒在地上的兩個人。

這時，有位年輕的女醫生撐著傘，走了過來，還停下了腳步，仔細地看了看他們，接著還幫他們遮雨，直到雨停，才帶著他們去填飽肚子。

這位天使般的女醫生名叫露絲，她的這個舉動，不僅深深地感動了這兩個乞丐，更讓他們對她同時都產生了情愫。

為了得到這份愛，他們兩人決定展開一場愛的競爭。

這天，第一位乞丐深情地問著露絲：「小姐，妳可不可以告訴我，妳的男朋友是從事什麼職業嗎？」

只見露絲搖了搖頭說：「對不起，我沒有男朋友。」

於是，第一位乞丐又問：「那妳希望未來的男朋友是做什麼的呢？」

露絲側著頭，想了想：「嗯，最好是位名醫師吧！」

第一位乞丐聽到後，點了點頭，若有所悟地離開了。

接著，第二位乞丐也跑來了，他向露絲表白道：「小姐，我愛妳！」

露絲被他的驚人舉動嚇了一跳，連忙回答說：「對不起，我不會愛上一個不愛衛生的人。」

第二天，這位乞丐又出現在露絲眼前，不過這次他不僅梳洗乾淨，還穿上了一套全新的衣裳。

只見他認真且嚴肅地對露絲說：「小姐，我真的很愛妳！」

露絲滿臉尷尬地說：「對不起，我不會愛上一個沒錢的人。」

第二位乞丐一聽，滿臉失望地離開了，從此以後，好幾天都沒有再出現。

過了一段時間，這位乞丐忽然興高采烈地出現，他對露絲說：「親愛的，我中了頭獎，有五百萬耶！這次妳能接受我的愛了吧！」

但是，露絲仍然不為所動，平靜地說：「對不起，你不是醫生，我想，我只會愛上一位醫生。」

過了幾年，第二位乞丐忽然又出現了，而且這次他還神奇地帶著一張醫師的執照證明出現。

他神氣地站在露絲的面前說：「親愛的，我想妳現在願意嫁給我了吧！」

沒想到露絲這次卻說：「對不起，我已經嫁人了。」

說罷，露絲便挽著她身邊的丈夫，走進了醫院的大門。

這時，第二位乞丐仔細地看了她的丈夫一眼，原本沒看還好，這一看差點就昏了過去。

因為，女醫生挽著的人，竟是當年與他搭伴行乞的第一位乞丐，如今他居然成為這家大醫院的院長。

這樣的結果讓第二位乞丐非常不服氣，他怒氣沖沖地質問第一位乞丐：「你到底用了什麼魔法？」

第一位乞丐冷靜地說：「你聽好了，我用的是心，而你用的卻是計謀，我的心始終是朝著一個方向，而你因為太過急功近利，眼裡只有貪婪和慾求，以致於看不見真正的目標。」

看著故事中的兩個主角，雖然兩個人的最終目標一樣，然而，第二位乞丐急躁短視，以爲每一步都計算妥當，以爲走一步便算前進了一步，但他始終都沒有發現，事實上，每當他完成一步之後，等於又退回到了原點。

相較於另一位成功者，他不僅將愛意昇華，更懂得先找出未來目標，然後努力實踐，這樣的遠見、規劃與勇往直前的毅力，當然能按部就班地完成並實現他的目標。

坐在辦公桌前的你，究竟像其中的哪一位呢？

雖然，人生的路是一步又一步累積出來的，成功的目標也是由無數的步伐所完成，不過沒有明確目標的步伐，再多的累積也只是錯印的足跡。

7. 改變想法，就會有不一樣的活法

在非常時候要有非常鎮定的判斷力，

更要有毫不遲疑的行動力，

一旦猶豫，即使只有一秒，

也可能會是最關鍵性的一秒。

別讓未來停在想像的框框

知道自己想做什麼，也要懂得努力去實踐，就算經常要重新開始，只要有決心，每一個變動都會是美夢成真的實現。

爲什麼許多人像無頭蒼蠅一樣到處亂竄，一直找不到自己的未來呢？

其實，不是他們沒有未來，而是他們不知道自己想要什麼樣的未來，或者是知道了卻只停留在「想」的方框裡一動也不動。

美國運輸業巨頭科尼里斯・范德比爾，之所以能成為叱吒商界的名人，在於及早從輪船航運中發現自己的成功機會。

當他看到航運業欣欣向榮之時，內心便相信，自己一定能在這方面有所發展，於是，他毫不猶豫地放棄當時蒸蒸日上的事業，到一艘汽船上，做個年薪只有一千美元的船長。

他的決定讓家人和朋友們大吃一驚，但是，他不顧大家的反對，仍決心要在航運業取得非凡的成就。

雖然，當時早已有人拿到紐約航行的通行專利，壟斷整個航運業，但范德比爾認為，這項法令並不符合美國憲法公平競爭的精神。

他一再聯合其他業者，要求取消這個法令，最後終於獲得成功，不久之後，他也擁有了第一艘屬於自己的汽船。

當時，美國政府為了處理往來歐洲的郵件，得付出大筆的補貼經費，范德比爾為了提升自己的影響力，便自告奮勇，表示願意提供免費運送郵件的服務。

這個要求很快地就得到了聯邦政府的回應，於是范德比爾開始打著「政府郵務委託公司」的名號，經營他的客運與貨運。

當他的航運事業日正當中時刻，他又發現，像美國這麼一個地域遼闊的地方，人口如此之多，將來在鐵路運輸方面一定也大有可為。

於是，他又積極地投入鐵路事業中，以蠶食鯨吞的手法建立了四通八達的范德比爾鐵路運輸網，奠定了事業上堅實的基礎。

聰明的人總是眼光遠大，不會被事物的表面現象迷惑。

其實，范德比爾的人生觀很簡單，只有兩個重點，一是「知道自己在做什麼，也知道自己想要什麼」，二是「努力實踐自己的理念」。

不景氣的年代，許多正在尋找工作的人，一直把焦點放在「工作」上，往往只會埋頭找工作，盲目傳送個人的履歷資料，一旦問到什麼才是他最想要的，恐怕一半以上都會搖頭說：「不知道」。這樣的人，既不知道自己的人生方向，也不願努力證明自己的價值。

也許有人會說，范德比爾根本是三心兩意，但是別忘了，他的每一項「三心兩意」卻都有所成就。

所以，知道自己想做什麼，也要懂得努力去實踐，就算經常要重新開始，只要有決心，每一個變動都會是美夢成真的實現。

在關鍵的時刻要有關鍵的決定

生活中，我們要小心踏著每一個步伐，面對危險時，能懂得把握關鍵時刻，才能掌握住人生的最重要時機。

面對困難的時候，多數人都習慣先停下來，然後評估其中的嚴重性，才決定下一步的動作。

但接下來的行動，卻經常有人因爲錯估形式，而讓事態更爲嚴重，甚至就此失去了補救的機會。

有個男子正開著車在茫茫的荒漠中行進，然而就在夜幕低垂之時，車子忽然停止不動了。

男子看了看油錶，放心地說：「原來沒油了！」

於是，他開門下車，走到後車廂中取出預備的油料。

但就在這個時候，他卻發現，遠處的荒漠中隱約閃爍著無數個可怕的光點，當那些暗藍色的光點慢慢逼近時，男子這才吃驚地發現，那些光點竟然來自一群看起來相當饑餓的狼。

只見男子立即回到駕駛座裡，大氣也不敢出一聲，他沉著氣，安撫著自己的情緒：「放心，我不會被狼群發現的。」

但是，男子忘了野生動物們靈敏的嗅覺，一下子，惡狼便將車子重重包圍，還陰森森地吼叫著。

忽然，有隻膽大的狼跳上了車頂，接著又站立在駕駛座前方，透著玻璃惡狠狠地盯著他看。

這時，男子不禁嚇了一身冷汗，驚慌之間，他的手忽然碰觸到座位下的一枝用來防身的獵槍。

只見他微微地開啟玻璃窗，並對著外面的狼群放了一槍。

「砰！」在這寂靜的荒漠中，槍聲相當響亮，當然也驚嚇到狼群，只見牠們四下逃竄，躲得遠遠的。

看著狼群離他遠去，男子放心地吐了口氣，靜靜地坐在座椅上，並在座椅四周尋找其他子彈。

然而，當時間過了十五分鐘後，男子這時才突然想到：「我在做什麼？我應該先把車子加滿油，快點離開才對啊！我怎麼這麼蠢啊！」

但是，錯失了第一時間的他，一打開車門時，只見狼群迅速地席捲而來。

第二天清晨，路過的司機發現現場的慘況，無不納悶著：「咦？他車廂裡有油啊！為什麼不快點加滿油後離開呢？」

從這個小故事當中，看著錯失了第一求生時機的男子命喪荒野，不知道你得到了多少啓發？

生活中，我們當然要小心踏著每一個步伐，但無須給自己過度的恐嚇，讓生活過得太緊張。

面對危險，在小心翼翼地跨越之時，能懂得把握關鍵時刻，才能掌握住人生的最重要時機。

就像故事中的男子，是躲在車廂裡休息片刻重要，還是立即衝出車外，將油箱加滿才是上策呢？在這攸關性命的片刻，能迅速地多一個轉念，男子自然能保住性命。

改變想法，就會有不一樣的活法

在非常時候要有非常鎮定的判斷力，更要有毫不遲疑的行動力，一旦猶豫，即使只有一秒，也可能會是最關鍵性的一秒。

日本知名作家池田大作曾經說過：「權宜變通是成功的秘訣，一成不變則是失敗的伙伴。」

的確，想要成功，必須懂得變通，不能故步自封、一成不變，就像一艘航行在大海的船隻，如果想要行駛到達目的地，遇見風浪之時，必須懂得如何見風轉舵一樣。

不論我們身處什麼樣的絕境，最終都一定會有出口。

如果前方出現了一道阻擋的高牆，我們大可回頭走，畢竟入口也可以是個出口，不怕一切從頭，只怕你放棄了一切。

美國空軍上校布魯斯．卡爾是一位重要飛行員，一九四四年十月，卡爾隨同部隊進駐法國，並不斷地與法西斯軍方在空中搏鬥。

同年十一月，當他飛到捷克上空作戰時，雖擊毀了兩架敵機，自己初也不幸地被敵方擊中，更不幸的是，被迫棄機跳傘逃生的卡爾，最後還迫降在敵方的佔領區內。

因為這個錯降，卡爾可說是吃盡了苦頭，他不僅要忍受寒冷與飢餓，還要不斷地躲避敵人的追捕。

後來，卡爾憑著第六感，順著一條崎嶇小路前進，終於找到德軍一個臨時機場。當時，他立即躲進一個戰壕裡，並慢慢地觀察、記錄他們的一舉一動。最後卡爾發現，就在自己藏身處不遠的地方，正停放了一架德軍飛機，雖然那是一架性能不佳的小型戰鬥機，但是，他看見機務人員剛剛完成維護工作，還裝滿了油

料。於是，他預估，一會兒就有德軍飛行員要去執行任務。

當時的卡爾心想：「不如就『借用』這架德軍飛機，返回我方基地。」

當這個「借用」的念頭一出現，卡爾便毫不遲疑地越過鐵絲網，偷偷地鑽進了這架飛機的座艙。

在微弱的月光中，他忐忑不安地摸索著熟悉的座艙設備等等，只見他果決地拉起啟動桿，然而無論他怎麼拉，飛機居然毫無反應。

「糟糕！難道判斷錯誤？」

情急之下，卡爾下意識地將啟動桿一推，沒想到反而聽到了發動機開始轉動的聲音，在一片寂靜中，這聲音給了卡爾一股重生的希望和溫暖。

憑著經驗，他大膽地推動油門，機體發出了一陣轟鳴聲，便慢慢地開始往前滑動，然而就在他安全飛上天空前，他卻發現，這架飛機上居然沒有降落傘和飛行帽，更糟糕的是，機上的無線電通聯器居然也無法使用。

這時卡爾已經無法多想了，趁著其他德兵似乎還沒有發現時，立即向上一拉，往天空呼嘯而去。

德軍真的沒有發現他，卡爾總算放心了。

只是他沒有料到，以為一切安全的他，卻因為無線電故障，無法與戰友們連絡，反而讓他吃了好幾顆自己人的子彈，所幸飛機沒有被擊中，讓他能有驚無險地迫降在基地的停機坪上。

當滿腹委屈的卡爾從座艙中爬出來時，立即被士兵們團團圍住。

這時，卡爾的上司認出了他，看著蓬頭垢面的卡爾，忍不住哽咽地罵道：「卡爾！你這傢伙跑到什麼鬼地方去了！」

在場的戰友們這才發現：「是卡爾！」

發現敵機上坐的竟是失蹤已久的卡爾，戰友們紛紛上前擁抱他，每個人幾乎都感動得泣不成聲。

日本心理學家德田虎雄曾經這麼提醒我們：「一個人走在路上，最重要的事情是必須注意轉彎。」

其實，走在人生的大道上也是相同的道理，也就是說，如果如果你想要早點

成功，除了堅持到底之外，最重要的是在該轉彎和變通的時候，千萬不能食古不化、固執己見，否則只會讓自己離成功的目標越來越遠。

在非常時候要有非常鎮定的判斷力，更要有毫不遲疑的行動力，因爲一旦猶豫，即使只有一秒，卻也可能會是最關鍵性的一秒。就像卡爾一般，只要他當時的步伐有所遲疑，恐怕早已成了戰俘，無法回到戰友們的身邊了。

從故事中，相信你也得到了不同的生活啓發，試想，當我們在決定行動的時候，是否也有很多顧慮，其中更有許多不必要的考慮呢？

要想爭取機會，我們就要懂得變通，如此才能增加行動活力，也才能比別人更精準地把握住成功的機會。

用兩塊錢買一份成功機會

自恃甚高的人才，經常和公司主管造成對立和衝突，其中無法溝通的最大原因，經常是：「因為我身經百戰！」

經驗不足，並不表示學習能力不足，很多時候，經驗不足的人反而更懂「唇齒相依」的道理，也比別人更懂得上下溝通的重要性。他們能接受各方的意見，也更明白展現謙虛的工作態度，反而更能與公司上下共創雙贏的成績。

有個年輕人到某公司應聘會計，才剛畢業的他在面試時就遭到拒絕，因為公

司真正要找的是有經驗的資深會計，但年輕人不願放棄，一再地請求主考官：「請給我一次機會，讓我參加你們的筆試。」

沒想到這位年輕人不僅輕鬆通過筆試，還吸引人事經理來親自複試，因為年輕人的筆試成績相當好，人事經理對這位年輕人也產生了好感。

然而，正式面談時，經理卻有點失望，因為年輕人很坦白地說：「我並沒有實際工作經驗，連打工的經驗都沒有，我唯一的會計經驗是在校擔任學生會的財務長。」

經理看著眼前毫無工作經驗的年輕人，心中盤算著：「找個一點經驗都沒有的人來公司，實在很不划算！」

於是，經理對年輕人說：「好，今天就面談到此，有任何消息我們會打電話通知你。」

年輕人禮貌地點了點頭，接著竟從口袋裡掏出了兩塊錢，並用雙手遞給經理：「不管貴公司是否錄用我，請務必都要撥個電話給我，好嗎？」

第一次遇到這種情況的經理，看著錢幣竟一時呆住了，待回神後，他好奇地問道：「你怎麼知道，沒被錄取的人就不會接到電話呢？」

年輕人認真地回答：「您剛剛說，有消息便會接到通知，那言下之意就是說，沒被錄取的人就不會接到電話了，不是嗎？」

經理笑著點了點頭，一時又對眼前的年輕人產生了興趣，又問：「如果你沒被錄取，我們打電話給你，你想知道什麼？」

年輕人回答說：「想請您能告訴我，我還有哪些不足的地方，好讓我有改進的機會。」

經理明白地點頭，接著看著兩塊錢，又問：「那這兩塊錢……」

年輕人笑著說：「我想，貴公司一定沒有預算要撥電話通知未被錄取的人，所以這理應由我來支付，請您一定要打電話給我。」

經理笑著說：「那請你把這兩塊錢收回去吧！我們不會打電話給你了，因為，我現在就通知你，你被錄取了。」

接著，經理在會議上說出年輕人被錄取的理由：「他一開始就被拒絕，卻堅持要求參加筆試，正說明他有堅強的毅力，而清算帳務是一件繁雜的工作，沒有

足夠的耐心和毅力，很難將這項工作做好。再者，他能坦白自己的工作經驗，則顯示他的誠實，這對掌理財務的人來說是很重要的。特別是當他說，不能錄取也希望能得到批評，便證明他有面對不足的勇氣，以及勇於承擔責任，並力求更好的上進心。」

經理嚴肅地看著台下全體員工：「經驗不足可以累積，畢竟每個人在工作中難免出現差錯，我們可以接受員工的失誤，卻無法接受員工只想安於現狀而停滯不前，因為公司發展的最佳狀況，是員工願意和企業主共同前進。而一個能自掏電話費聆聽自己缺點的人，更反映出他能保持公私分明的公正。一個具備堅強毅力、誠實和敢承擔責任的人，在能堅守公私分明的做人原則與積極上進的特質中，我們看見了公司真正需要的人才。」

就公司培養人才的成本上來看，擁有資深的工作經驗，確實是公司尋才的重要指標，但經驗再多的人不見得是最好的人才。

我們曾經聽說自恃甚高的人才，經常和公司主管造成對立和衝突，其中無法溝通的最大原因，卻也經常是：「因爲我身經百戰！」

怎樣的人才對公司最好，而期望能成爲夢想公司一員的人，兩者之間最好的結合關鍵，必是建立在正確的互助觀念上。

故事中的兩塊錢，不僅換得了年輕人的成功機會，也讓經理換得了一個絕佳人才的機會。

換個角度說，年輕人的求職態度與經理用才的轉念，不正是我們在這個競爭激烈的資本社會中，時時刻刻都要自我提醒的成功要訣？

不要讓你的企劃書變成一堆廢紙

如果我們有鍥而不捨的「執行力」和「決心」，計劃表上的白紙黑字必定能逐一實現，而不會是一堆不斷被回收的廢紙。

奇蹟不是一個意外的結果，而是我們原本就計劃好的成功目標。

之所以會被人視爲奇蹟，那是因爲多數人在評估企劃書時，低估了每一個人的潛能，也在不斷地遭遇困難的過程中，忽略了一路累積下來的成功階梯，於是當計劃依步驟完成之時，仍陷在「質疑的氣氛」中的人們，這才不經意地發現：

「竟然成功了！」

看看手中的企劃書，從第一項到最後一項，你發現哪一項是最艱難的呢？

別擔心，越困難你就越要堅持下去，越要有突破的毅力，因為幾乎所有的奇蹟，都是在最艱困的時刻出現。

一九六八年的春天，舒樂博士立志在加州建造一座水晶大教堂。他向著名的建築師菲力普表達自己的構想：「我要的不是一座普通的教堂，我要在人間建造一座伊甸園。」

菲力普問他：「那你的預算有多少？」

沒想到舒樂博士竟說：「我現在一分錢也沒有，所以不論預算是一百萬美元，還是四百萬美元，對我來說都沒有區別，重要的是，這座教堂本身要具有足夠的魅力來吸引人們捐款。」

菲力普點了點頭，最後他估算出教堂的所需花費，預計是七百萬美元。

當天夜裡，舒樂博土拿出一張白紙，並在最上面寫上「七百萬美元」，然後又寫下十行字：「一、尋找一筆七百七十七美元的捐款；二、尋找七筆一百七十五美元的捐款；三、尋找十四筆五千零七十七塊美元的捐款；四、尋找二十八筆

二千五百七十七美元的捐款；五、尋找七十筆一千零七十五美元的捐款；六、尋找一百筆七百七十七美元的捐款；七、尋找一百四十筆五百七十七美元的捐款；八、尋找二百八十筆二萬五千美元的捐款；九、尋找七百筆一萬美元的捐款；十、賣掉一萬扇窗，每扇七百美元整。」

六十天後，舒樂博士用水晶大教堂奇特而美妙的模型打動富商約翰．可林，他立即捐出了第一筆一百萬美元。

第六十五天，一對曾聽過舒樂博士演講的農民夫婦，捐出了第一筆一千美元；第九十天時，一位被舒樂博士感動的陌生人寄來了一張一百萬美元的支票。八個月後，一名捐款者對舒樂博士說：「如果你的誠意與努力能得到六百萬元，那剩下的一百萬元由我來支付。」

第二年，舒樂博士以每扇五百美元的價格，請求美國人認購水晶大教堂的窗戶，付款的辦法為每月支付五十美元，分十個月付清。

六個月內，一萬多扇窗全都售出。一九八〇年九月，歷時十二年，可容納一萬多人的水晶大教堂終於完工，那是一座世界建築史上的奇蹟與經典，也是前往加州的人必定會去瞻仰的勝景。水晶大教堂最終的造價為二千萬美元，這筆錢全靠舒樂博士一點一滴地籌集而來。

有人說，舒樂博士的水晶教堂是一項奇蹟，這的確是個令人讚嘆的奇蹟，甚至也是項空前絕後的紀錄。

其實，我們從舒樂博士的筆記中，便看見他貫徹執行的決心，當他寫好了這十項募款計劃，相信他也已經清楚地看見了募款的目標。

面對我們訂下的任何計劃，你是否也會像舒樂博士那樣充滿自信呢？

看完故事，我們也看見了絕對的「執行力」與一定成功的「決心」，是水晶教堂成功建成的重要基礎。

如果我們有鍥而不捨的「執行力」和「決心」，計劃表上的白紙黑字也必定能逐一實現，而不會是一堆不斷被回收的廢紙。

膽大心細才不會錯失良機

「膽大心細」是成功必備的元素，有膽無謀的人往往一再犯錯，心細無膽的人則容易深陷遲疑，經常在後悔中錯失良機。

放在你手中的成功機會有多大，不在於機會本身的條件有多好，而是看你有沒有堅持的毅力與企圖心來決定。

「膽大心細」是成功必備的元素，有膽無謀的人往往一再犯錯，難成氣候；心細無膽的人則容易深陷遲疑，裹足不前，而經常在後悔中錯失良機。

五十年前，有一位名叫卡納利的美國人，原來經營著父親傳下來的雜貨店，但是這間雜貨店的生意卻很差。

正值年輕的卡納利忍不住對父親說：「爸，這間店經營了這麼多年，一點成績都沒有，我想不如做做別的生意吧！」

卡納利提出意見後，立即得到家人的支持，於是他接著說：「我們這裡有一所大學，而許多學生都是外食族。我還發現，這附近還沒有人經營比薩餅屋，我想，把雜貨店改為比薩餅，一定會有很好的成績。」

家人們聽完他的想法後，一致同意經營比薩餅屋，於是卡納利立即著手籌劃。用心規劃的卡納利，將比薩餅屋裝修得十分精緻溫馨，這對講求氣氛與情調的大學生來說，確實相當吸引人，不到一年的時間，卡納利的比薩店便成為當地最著名的小吃店，店裡幾乎天天都是爆滿的人潮。

不久，他又在當地開了兩家分店，生意也都相當好。

野心極大的卡納利，看見三家店都經營得如此成功，便立即拓展他的事業版圖；他來到另一座城市發展，同時開了兩家比薩分店。

但沒過多久，這兩家分店便出現危機，幾乎天天虧損的情況下，最後連房租都付不起了。

第一次遭遇失敗的卡納利苦思著：「同樣都是賣比薩，兩個城市的店家也都開在大學城附近，為什麼在這裡會失敗呢？」

不久，他的評估結論出爐了，他發現，原來是這座城市的學生與家鄉的城市學生，不論在在飲食或是追逐的品味上可說是南轅北轍，所以在裝潢與食材的搭配上，自然很難吸引顧客上門了。

於是，卡納利立即著手修正經營方向，而虧損連連的比薩店，很快地便興隆了起來。如今，卡納利的比薩店已經遍佈全美，共計達到三千一百家，總值三億多美元。

卡納利回憶著說：「每當我到一個新的城市拓展時，其實一開始有十分之九都是失敗的，之所以最後都能成功，是因為在失敗時，我從來都沒有退縮的念頭，反而更積極地思考其中的缺失，並努力想出改進的辦法。就像當年進軍紐約市場時，第一時間我就遇到了困難，但我一點也不願放棄，而是積極地評估與修正，這才坐穩了今日的市場寶座。」

膽識過人的卡納利，能從一間小比薩店經營出如此大的事業版圖，依賴的正是他過人的智慧與勇氣，還有他過人的決心和毅力。

從卡納利的成功經驗中，我們可以看見，眞正成功的路不會是一帆風順，因爲越能面對挑戰的人，即使風浪再大也必定能乘風破浪，突破艱難；越能從錯誤中汲取經驗的人，失敗越多對他越有助益，因爲每一次失敗都不會是他的阻礙，反而是他構築成功地基的重要建材。

一如卡納利的成功分享：「不要一遇到困難就退縮，更不要害怕失敗，只要你能從失敗中發現問題的關鍵，並做立即的修正，那麼即使走十步跌十步，你都一定能走到夢想的目標！」

立下志願，就要讓它實現

在實現目標的道路上，必定會有各式各樣的阻礙，也會遇到無法預料的挫折，讓許多人才剛跨出，旋即害怕退縮。

什麼是最好的人生目標，標準只有一個，那便是面對這個夢想目標，持續堅持下去，盡全力做到最好。

這天，中川老師給即將畢業的學生們出一道作文題目，他在黑板上寫下了「今後的打算」四個字。

寫作時間結束，中川老師開始閱讀一個個偉大的目標，有人寫著：「我以後要當一名大公司的職員！」

也有人期許自己：「我要成為一個科學家！」

當然，也有人希望能成為一名醫生，救助需要幫助的人。

中川老師認真地批閱著，在這些多元的願望中，他發現了兩篇文章最令人感動。一篇是學業成績表現不佳，但性格相當開朗的岡田三吉所作的，另一篇則是罹患小兒麻痺症的大川五郎所寫。

岡田三吉寫道：「在我很小的時候，爸爸就去世了，我對他的印象幾乎是空白的。但是，當我聽說爸爸是個手藝高超的鞋匠時，我便決定，未來我要做日本第一流的鞋匠。」

而大川五郎的願望則是：「我自知身體不如人，無法像普通人那樣能做很多工作。不過，我很幸運，有個在東京做裁縫的親戚願意給我學習的機會，雖然我的動作不甚靈巧，但是只要我努力學習，我一定能做出最漂亮的衣服，我想，將來我要做一名日本第一流的裁縫。」

看完這兩篇文章，中川老師不禁微笑：「好，日本第一流的人物！」

畢業典禮結束時，三吉和五郎上前向老師道別。

「老師，我決定明天就到金澤市的岡田鞋店工作。」三吉滿臉自信地說。

這時，五郎小臉上泛著紅暈，也大聲地對他說：「老師，我要前往東京了，不久之後，我就要成為一名裁縫師了。」

中川點了點頭，笑著說：「嗯！你們都要朝著做日本第一流的方向出發，也要朝著日本第一流人物的目標前進。孩子，不論這條道路多麼艱難，你們都不要洩氣喔！」

少年用力地點著頭，他們聽見老師的鼓勵，對於自己的未來也充滿了信心和希望。八年以後，他們果然分別成為日本第一流的鞋匠與裁縫師，人們只要來到東京，向當地人問起鞋匠三吉和裁縫五郎，幾乎每個人都豎起大拇指說：「好！」

翻開年少的記憶簿，你是否也想起當時曾許下的人生目標？闔頁省思，目標如今是否已如願達成了呢？

每個人都一定會有夢想，也一定會有心中最想做的事，然而在實現目標的道路上，必定會有各式各樣的阻礙，也會遇到許多無法預料的挫折，這些難關讓許多人才剛跨出，旋即就因爲害怕而退縮，甚至連夢想和目標也慢慢地被擱置了。

至於能實現目標的人，不是因爲他們的機運比別人好，也不是他們的天賦比別人強，只是他們和三吉與五郎一樣，始終都相信：「我的目標一定能實現，我一定能成爲日本的第一流人物！」

堅毅與自信是他們成功的關鍵，當然也是無法達成目標的人最缺乏的條件。每一個夢想都有被實現的機會，只要我們在立定目標的那一刻，能和三吉、五郎一起將中川老師的勉勵銘記在心：「再艱難，你們都不要放棄，我相信你們一定會成功！」

珍惜財富，才能累積財富

世上沒有不勞而獲的可能，即使意外之財，也有其必然的前因後果，學會珍惜，我們才不會有踏錯腳步的機會。

握在手中的，確實要懂得珍惜，就像許多傳奇人物在分享成就時，經常謙虛地說：「其實，我只是比你多省一塊錢而已！」

在一場「世界傳媒和奧運報導」的新聞發表會中，出席的人物都是赫赫有名的人物，現場擠滿了來自世界各地的傳媒大亨與數百名記者。

當台上人物開始發表各個運動項目時，忽然有個人蹲下了身子。

大家仔細一看，發現原來是當時炙手可熱的美國傳媒巨頭，NBA副總裁麥卡錫在「亂動」！

他突然蹲下去，接著還鑽到了桌子底下，似乎在尋找什麼東西。

看見這樣一位大人物，在這個大場面中做出這樣的舉動，實在有失禮儀，大家忍不住竊竊議論：「他怎麼會做出這樣的舉動？難道他不知道，這個小動作會損害了他的形象嗎？」

不一會兒，麥卡錫從桌子下鑽了出來，手上竟然還多了一根雪茄。

只見他用手帕擦了擦雪茄，然後舉起了雪茄對大家解釋道：「對不起，打斷了大家，我剛剛在桌子底下尋這根雪茄。因為我的母親一再地叮嚀我，要好好地愛惜每一個得來不易的東西。」

說罷，麥卡錫拍了拍衣服，極其平靜地坐了下來。

一個身價億萬的富翁，有著難以計數的財富，不懂財富累積的人必定要譏笑他：「那麼多錢有什麼用，才一根雪茄而已，何必那樣捨不得。」

擁有財富的人，本來就有資格好好享受，甚至是大肆揮霍，那麥卡錫爲什麼不肯這樣做呢？

沒錯，一根雪茄對麥卡錫來說，根本微不足道，然而，懂得財富累積之道的人，必定能明白這根小雪茄的價值，不只是價錢多少的問題而已。

對於慢步累積出身價的富翁們來說，一根雪茄包含著一路奮鬥的心血，即使是一塊錢，也因爲是從跌倒與失敗中爭取而來的，讓他們分外珍惜，只因這一塊錢的價值，對他們來說，早超越它本身的價面意義。

沒有一個人的成功是偶然的，因爲世上沒有不勞而獲的可能，即使意外之財，也有其必然的前因後果，學會珍惜，我們才能在達成目標後，不會有踏錯腳步的機會。

8.

把握當下
才能創造未來

無論昨日成功或失敗，

並無法預測你明天是成功還是失敗，

因為生活只有當下，

人生也只有現在和未來。

面對死結，要下定決心解決

「死結」不會永遠存在，這不過是邁向完美路途上的一個障礙。
堅持到「全盤完善」的那一刻，所有的努力便能得到回報。

著名的文學家萊辛曾經如此寫道：「當我們感到充滿壓力的時候，恰恰是離成功最近的時刻！」

人生經常會遇到事與願違的情況，然而，就在你認爲快不行的時候，往往就是轉變的開始。

你可以選擇轉身放棄，也可以選擇把壓力變成前進的動力，你的選擇決定了能否掌握成功的契機。

許多足以改變人類生活與觀念的新概念、新創意的產生，可能並不是一開始就十全十美的，但人們對於各種新鮮事物的批判眼光，卻足以讓自己錯失許多佔得先機的機會。

因此，對於新觀念、新事物的發明者或提倡者而言，一定要堅持理想。堅持下去，持續改進，直到「完善」的那一刻，才能邁向眞正的成功。

一八三七年，莫爾斯製造了世界上第一台發報機，但這台發報機只能在五百公尺內傳送資料。

當他拿這個新產品去勸說企業家進行投資時，遭到許多人的嘲笑，有人挖苦道：「電線也能傳遞消息，那將來空氣也能當麵包吃了。」

當他進行了操作試驗時，終於有人表示了一點興趣，但最後卻說：「我知道了，這是一種玩具，遺憾的是，它是一種枯燥乏味的玩具。」

反應最好的一位顧客，到最後總算認識了電報機的價值，不過，這位企業家卻反問莫爾斯：「這東西能將消息傳遞到多遠的地方呢？」

當莫爾斯回答說是「五百公尺」時，引起了一陣哈哈大笑，這位企業家說：「五百公尺，這也用不著發電報呀！」

同時，莫爾斯的朋友們也勸他放棄這種不切實際的幻想。

的確，電報只能發五百公尺，這是莫爾斯發明的「死結」。但是，莫爾斯並沒有因此放棄，認為這不過是一個稍微加以修正就能夠得到解決的問題。

為了改善電報的功能，他甚至將家中唯一值錢的東西——幾幅祖傳的、收藏了多年的名畫變賣。

後來，莫爾斯得到一位青年技師威爾的協助，讓他到父親的工廠進行試驗。最後終於改進了發報和收報裝置，並在傳播線路上添加了一種能產生接力作用的繼電器，解決了電流在傳播過程中逐漸減弱的問題。

最後，莫爾斯的這個嶄新發明贏得美國國會的支持，大獲成功，不但將自己宏大的理想徹底實現，也一舉改變了後來的世界。

只能傳五百公尺的電報機，對於現代的人來說，是多麼難以想像的一個新發

明！但是，若沒有這台只能傳五百公尺的原型機以及莫爾斯的堅持，那麼後來的世界又怎麼會有能迅速傳達情報到遠地的電報機出現，進而改變了人們生活、溝通，甚至戰爭的樣貌呢？

莫爾斯如果就在這台只能傳送五百公尺的原型機上發出了「停止」信號，中斷了進一步的研發，那麼他這台機器就不過是一個笑柄罷了。

但是，他沒有放棄，因爲他認爲這個「死結」不會永遠存在，這不過是邁向完美路途上的一個障礙。

他以絕對的信心與堅持全然投入，最後終於徹底解決了這個問題，讓電報機眞正到達「千里傳訊」的應用階段，獲得了巨大的成功。

把壓力化爲前進的動力，堅持到「全盤完善」的那一刻，所有的努力便能得到回報，這就是莫爾斯深信不疑的信念！

工作中最大的所得是累積才能

不要抱怨工作太多，因為那正表示你比其他人有更多的學習機會，也有更多的經驗累積。

你用什麼價值標準來衡量眼前的工作？

當你面對新的工作環境時，你最在意的是發展的空間，還是薪水的多寡？

有一位報社的年輕記者，爭取到一個採訪松下幸之助的機會。年輕人很珍惜這次採訪機會，所以他做足了準備，這份用心讓他與松下幸之助談得很愉快。

採訪結束後，松下幸之助先生親切地問這個年輕人：「年輕人，你一個月的薪水是多少？」

「很少，一個月才一萬日元。」年輕人不好意思地回答。

「很好！雖然你現在的薪水只有一萬日元，不過，你一定要記住，你的薪水永遠不止這一萬日元。」松下先生微笑著對年輕人說。

年輕人聽完，感到非常困惑，心想：「怎麼可能，我每個月的薪水明明只有一萬日元，為何松下先生會說不止一萬日元呢？」

看見年輕人滿臉疑惑，松下先生笑著說：「年輕人啊！你要知道，你今天能爭取到採訪我的機會，明天也同樣能爭取到採訪其他名人的機會，這可以證明你在採訪能力上，必定有一定的潛力。只要你能多累積這方面的才能與經驗，價值就會不斷提升。這就像你在銀行存錢一樣，只要錢存進了銀行就會生息，相同的，你的才能，不斷地累積之後，就能在社會銀行裡生息，將來，你就能連本帶利地獲得你所累積的成果。」

這番話讓年輕人茅塞頓開，多年後，他便順利地坐上了報社社長的位子。

每當他回憶起與松下先生的那段談話，總是深有所感地說：「對於年輕人來說，才能的累積遠比薪水的多寡來得重要，因為，那才是我們真正最踏實的人生資本。」

二萬塊的薪水和三萬塊的薪水有多少差別？

從故事中我們知道，如果二萬塊的工作能讓你多元地學習和接觸，那麼它一定會強於每天只枯坐在辦公桌前的三萬塊。

不要抱怨工作太多，因爲那正表示你比其他人有更多的學習機會，也有更多的經驗累積，誠如一位成功人士所說的：「年輕人不要計較那麼多，多做一些對你才有好處，接觸越多，你前進夢想的步伐才能更加穩健。」

好奇，就是進步的原動力

少了好奇心，自然而然也會少了探索的勇氣，缺乏好奇心的人，通常都比較安於現狀，即使發現自己開始在原地踏步。

面對生命中的各種讓人疑惑的難題，從各種不同的角度解讀，往往會得出不一樣的結果。最糟糕的是，失去了好奇心與探究的精神。

好奇是進步的動力，保持著「好奇心」，我們才能看見不斷進步的世界，也才能看見不斷前進的生命力。

一九二一年，印度科學家拉曼乘坐著輪船，正準備取道地中海返回國內。

當他走到甲板上欣賞大海，忽然聽到一對印度母子的對話。

「媽媽，這大海叫什麼名字？」

「地中海！」男孩的媽媽親切地回答。

但是，小男孩仍然不解地問道：「為什麼叫地中海？」

母親笑著說：「因為她夾在歐亞大陸和非洲大陸之間啊！」

小男孩輕輕地點了點頭，然後看著大海，忽然又問媽媽：「那，為什麼海水是藍色的呢？」

男孩的母親一時語塞，東張西望，似乎想找人幫忙，這時她的求助目光正巧遇上了拉曼。

拉曼上前，詳細地告訴男孩：「海水之所以會呈現藍色，那是因為它反射了天空的顏色。」

這是當時科學界的唯一解釋，但是，當拉曼在告別了那一對母子後，不知道為什麼，在他的心中卻產生了懷疑，就像充滿好奇的小孩，「為什麼」三個字竟源源不斷地湧現。

原來，身為一位訓練有素的科學家，拉曼忽然發現，在不知不覺中，他已經失去了像小男孩一般，那種在「已知」中繼續追求「未知」的好奇心。

失去好奇心，是科學發現與發展的最大忌諱，即使已是頗有成就的科學家，一旦失去了好奇心，便會因此變得閉目塞聽，止步不前。

此刻，拉曼發現體內的「好奇」細胞再次活躍了起來，而且他決定從「海水為什麼是藍的」開始。

不久，他發現了「蔚藍海洋」理論中的幾個疑點，並徹底推翻了先前的各種結論，接著則提出了新的解釋，他的發現被後人稱為「拉曼效應」。

一九九〇年，拉曼因為這項發現而獲得諾貝爾物理學獎，成為亞洲歷史上第一位獲得此項殊榮的科學家。

當拉曼深思著：「因為已知，讓我對未知減少了好奇心，也因為減少了好奇心，生命的衝勁似乎也正在削減中……」

聽見拉曼的這番自省，你是否也驚覺到自己，生命活力似乎也有了停滯的現象，腦袋越來越不懂得變通呢？

少了好奇心，自然而然也會少了探索的勇氣，缺乏好奇心的人，通常都比較安於現狀，即使他發現自己開始在原地踏步，不見進步。

然而，面對這樣的生活狀況，難道你不覺得沉悶、無趣嗎？

其實，我們的生活還有許多未知，那些已知的答案其實不過是其中的一部份，只要再次點燃心中的好奇，你定能發現其他不同解答。

更重要的是，再次被激起的好奇心，將會啟動你的生命活力，讓你的生活每一天都充滿絢麗的花火。

把握當下才能創造未來

無論昨日成功或失敗，並無法預測你明天是成功還是失敗，
因為生活只有當下，人生也只有現在和未來。

回想昨日你所做錯的事，或是尚未完成的任務，對你來說，這個回想的動作會讓你充滿快樂，還是悔恨？

挪威船王阿特勒・耶伯生在三十一歲時，繼承了父親的船公司，從那天開始，他也正式展開經商之路。

經過十幾年的艱苦奮鬥，耶伯生的公司從原本只有七艘船的小公司，慢慢發展到擁有九十艘船的大型公司，此外，他還進軍世界各地的油田、工廠，甚至在其他各種不同產業中也有大量投資。

有人試探性地問他：「你現在到底有多少財產？」

耶伯生搖了搖頭說：「其實，我也不太清楚，我唯一比較清楚的是，投注的保險金額大約有五十七億克朗。」

其實，耶伯生是個頗具遠見的生意人，當初接下父親的所有事業時，他發現，其中的油船產業似乎沒有什麼發展空間，所以在他接管一年之後，便果斷地賣掉了油船，並退出運油的行列。

耶伯生對合作夥伴說：「想在航運業有一番作為，以目前的情況並不容易，因為這家公司沒有實力，操控權其實是掌握在石油大亨們的手中，我仔細評估後認為，如果把大部分的本錢全押在兩三艘大油船上，實在是件很冒險的事，對此我沒有十足的把握。」

當耶伯生一退出運油行業後，便迅速將資金轉投資在散裝貨輪的運輸上，並與工業部門簽訂了長期的運輸合約。

一切如耶伯生所預測，就在他將油船脫手後，石油運輸的投資家在七〇年代中期連遭噩運打擊時，他卻穩如泰山，絲毫無損。

在握有長期合約的基礎上，耶伯生踏實經營，慢慢地增置了六千噸至六萬噸的散裝船，開始為大企業運輸鋼鐵產品和其他散裝原料，也積累了他雄厚的資本與成就光芒。

耶伯生經常說：「想發展挪威的航運業，必須朝向世界，不該把眼光逗留在國內的航運中。」

提及自己的成功經驗，他說：「你必須堅決走出去，才能看見未來，而不是一直沉緬於過去，或自限於過去的保守或成就中，要用觀察力和判斷力看見明天，看見哪裡有可利用的資本，或需要運送的貨物，那麼你就往哪裡去，而這就是我成功的關鍵。」

從耶伯生的經驗來看，能果決地前進，自然而然能看見夢想的未來，一旦態度守舊，故步自封，再好的機會也無法掌握在手。

站立在生活的高處，你看見的是自己腳下的小草，還是放眼望去的寬闊花海？不要一直沉緬在過去的成功或失敗之中，生活也不要有太多的回望，因爲時間從不會倒轉。

用正確的心態面對生活中的過去、現在和當下，過去的已經過去，無論昨日成功或失敗，並無法預測你明天是成功還是失敗，因爲生活只有當下，人生也只有現在和未來。

所以，我們要積極地往前航行，一如故事中的啓示：「果決前進，不要把眼光停滯在目前，因為明天很快就要成為過去，一旦過去了，我們便要少掉掌握一天的好時機。」

智慧是誰也奪不走的財富

有智慧便有財富，智慧是任何人都搶不走的財富，只要我們能不斷地自我增值，智慧的寶庫便將源源不絕地充實。

對你而言，什麼是你最重要的財富？

是存款簿裡不斷累計的數字，還是當一切都失去的時候，你還有重新站起的智慧、能力呢？

多年前，在奧斯維辛集中營裡，一位猶太人對他的兒子說：「現在，我們唯一擁有的財富就只剩下智慧，因此，當別人說一加一等於二的時候，你應該要想到『大於』二。」

他們父子倆在納粹毒殺猶太人時，幸運地躲開了死神的眼睛，護守住自己的性命，也給了自己創造「大於二」的奇蹟。

一九四六年，他們來到了自由美國，選擇在休士頓從事銅器生意。有一天，父親對著兒子說：「孩子，一磅銅的價格是多少？」

兒子回答：「三十五美分。」

這時父親搖了搖頭說：「沒錯，全世界都知道，一磅銅的價格是三十五美分。但是，身為猶太人的兒子，你應該說是三點五美元，只要你能試著把一磅銅做成門把。」

二十年後，猶太父親去世，從此由他的猶太兒子獨力經營這間銅器店。不辱父命的他，不僅研發出銅鼓，也製作出瑞士鐘錶上的簧片，甚至連奧運會的獎牌，他也沒有放過。

他正是麥考爾公司的董事長，一個將一磅銅三十五美分的價格，不斷地增值到一磅銅三千五百美元的猶太之子。

其實，凡出生在猶太家庭裡的孩子們，在他們的成長的過程中，都有一位負責啟蒙教育的母親，而她們幾乎都會要求孩子們回答一個這樣的問題：「如果有一天，你的房子被燒了，或是你的財產被人搶光了，那麼，你將會帶著什麼東西逃命？」

在大多數稚嫩的聲音裡，孩子們總是天真地說，錢或寶物會是他們最重要的東西，因為他們知道，只要有錢，食衣住行就不會有任何問題。

然而，答案似乎並不正確，因為幾乎所有的猶太母親都會提示他們：「其實還有一種沒有形狀、沒有顏色、沒有氣味的寶貝，你知道是什麼嗎？」

如果孩子們還是無法說出正確答案，她們便會公佈正確解答：「孩子，你要帶走的不是錢也不是鑽石，而是智慧。」

在傳統觀念裡，父母親遺留下來的東西，經常是成堆的金銀珠寶，他們只知道給孩子們魚吃，卻不知道魚兒總有一天會被吃完，孩子們未來的道路漫長，他們眞正要面對的，不是如何享受財富而是如何生活。

所以，在東方世界裡會有富不過三代的預言，這是東方社會與西方社會的最大差異，也是兩者前進腳步會有如此落差的重要原因。

看見猶太人教育下一代的方法，我們也看見了，孩子們有一天獨立生活後所具備的雄厚實力。

有智慧便會有財富，智慧是任何人都搶不走的財富，只要我們能夠求新求變，不斷地自我增值，智慧的寶庫便將源源不絕地充實，而我們也會有一個永遠都屹立不倒的靠山。

小心提防扯後腿的人

面對無法防備的人性險惡，我們唯一能做的，就是不斷地提醒自己謹守少說話、多做事的原則，以確保自己的生存空間。

當人們有心陷害你的時候，不管你個性多麼憨直，或是立場多麼中立，即使表現得只有一個「好」字可以形容，他們也會把它說成「不好」。

所以，在現實生活中，不是安分守己就好，那份「防人之心」還是隨時把它帶在身上吧！

弗蘭西斯是沙特王族的一名家庭教師，她主要的任務是陪七位小公主閱讀英文童話故事，而她也是世界上年薪最高的家庭教師，每年的收入是英國首相布萊爾的四十倍。

但是，一直頗受王族歡迎與信任的弗蘭西斯，卻不知何故突然被解聘了。

當她在返回劍橋大學教書的那一天，約有兩百名記者聚集在學院門口，企圖打探整起事件的內幕或八卦，但是弗蘭西斯在離開前，早與王族有所協議，對此事必須完全封口。

只是，人們的好奇心仍然高昂，不斷猜測著：「她只是陪同小公主們閱讀童話的人，能犯什麼大錯？這其中一定有什麼不可告人的地方。」

有人猜說，可能是弗蘭西斯和某位王子產生了戀情；也有人猜想，弗蘭西斯一定是美國安全局的特工，在傳遞情報時露了馬腳，雖然眾說紛紜，但始終沒有人猜中弗蘭西斯被解聘的真正原因。

直到二〇〇一年的聖誕節，謎底才被解開，一封來自某位公主的電子郵件裡透露了實情。

這封郵件先是向弗蘭西斯祝福聖誕快樂，郵件中，小公主還回憶了和弗蘭西

斯共同度過的快樂時光。

她寫著：「您還記得我們一起讀《安徒生童話》時，我們問您的問題嗎？唉，我們實在太傻了，才會造成今天的分離。」

原來，當時公主們讀到這本童話時，問了弗蘭西斯這麼一個問題：「老師，誰的妻子最快樂？」

當時弗蘭西斯也反問了她們：「妳們認為呢？」

七位小公主齊聲回答：「農夫的妻子最快樂！」

聽見答案時，佛蘭西斯並沒有給予肯定，反而又提問道：「難道國王的妻子、百萬富翁的妻子、政治家的妻子，或詩人的妻子都不快樂嗎？」

「不快樂。」七位小公主異口同聲地回答。

「為什麼？」弗蘭西斯又問。

但是七位小公主卻答不上來，她們只知道，在童話故事裡，沒有一個國王的妻子是快樂的，也沒有一個百萬富翁的妻子是快樂的。

這時弗蘭西斯嚴肅地說：「在這個世界上，只有真正快樂的男人，才能帶給女人真正的快樂。」

正因為這句「男人快樂，女人才快樂」的論點，被有心人捉到告密的把柄，也讓她在第二天便收到了解聘通知。

對於此事，美國《紐約時報》財經版在評選「十大經濟新聞」時，將弗蘭西斯的那句話，破天荒地選了進去，因為，這一句話的結果，令她失去了百萬英鎊的年收入。

相信這樣的結果，對一向尊重個人意見與思考獨立的弗蘭西斯來說，是意外中的事，她一定沒有料到，自己居然會因爲一句話而被解僱。

然而，聰明的人會從這句話抽絲剝繭出來，最後才發現，原來這句話根本一點問題也沒有，一切的問題焦點正是那位有心傳話的人。

延伸至你我的職場世界，我們永遠都猜不中誰是扯你後腿的人，也無法猜料到誰會在你背後送上一刀。

面對現實生活中這些無法防備的人性險惡，我們唯一能做的，就是不斷地提醒自己：「在職場中，我們應謹守少說話、多做事的原則，以確保自己的生存空間。」

此外，我們不妨正面思考弗蘭西斯的這件事，因爲一句話而失去百萬英鎊，其實一點也不可惜，她反而要爲自己感到慶幸，至少這百萬英鎊讓她換得一個全身而退的機會。

巧妙行銷，就能引領風騷

真正的獨特創意就在我們的腦袋裡，無論別人怎麼抄襲，我們始終都有自己的思維，有自己的創意角度。

社會的流行風潮在哪裡，我們就朝哪裡前進，然而，絕對不是跟著別人所指引的方向前進，而是應該由我們自己來吹動這股流行的風帆。

路德華剛剛購入了一批新上市的布料，為了招攬顧客，他把這款最新的花色擺在最顯眼的位置。

但不知道是什麼原因，這塊上好布料居然無人問津，眼看一年就要過去了，

這批布料居然一塊也沒有賣出，全積壓在貨架上。

路德華沉思了很久，終於讓他想出一個好辦法。

在新春園遊會快要到來的前夕，他走訪了當地社交界最有名的幾位貴婦，向她們推銷這款最新的布料，還誇口說：「請相信我，這個花色將是今年園遊會上最流行的一款。」

幾位貴婦仔細聆聽路德華的吹捧，不禁大為心動，其中一位還是知名的盧貝克公司總裁的夫人。

舌燦蓮花的路德華，沒幾分鐘便讓幾個貴婦全都下了訂單，準備製作一套套時裝，好在園遊會上展現她們的時尚品味。

在園遊會開始的那天，當地社交界最負盛名的幾位貴婦，都穿上了最新款的春裝，由於花色確實相當突出，當她們聚在一起時顯得十分搶眼。

頓時間，現場上千名婦女的目光，全都聚集到她們的身上，並對她們的服裝讚嘆不已。

這時，擠在人群中的路德華連忙上前，並不停地在人群中穿梭，目的是向來參加園遊會的夫人小姐傳遞精美的名片卡。

因為上面除了店名與地址外，還寫著：「尊貴的夫人、小姐，祝妳們遊園快樂！我很榮幸地要向各位推薦，眼前幾位貴賓所穿著的新衣料，敝店有售，歡迎撥冗惠顧！」

這個宣傳招式果然絕妙，路德華巧妙的行銷手法，一下子便引來人們的興趣，每天他店門一開，來購買這款布料的人，可說是絡繹不絕，最後還造成了這款布料嚴重缺貨。

頗有創意的路德華，由於行銷有術，不久便得到盧貝克公司總裁薩耶的賞識，不僅聘請他為公司服務，不久還讓他坐上了總經理的位子。

所謂的名牌設計品，說穿了只不過是一種獨特的商業包裝與宣傳手法，然而，也正因爲這樣獨樹一格的創意表現，讓人們不知不覺地被吸引，甚至更進一步地，讓人們對流行品味的認知失去了自主權。

那麼希望能引領風騷的你，能怎樣突破？

聽聽路德華怎麼說：「用一點巧思，懂一點人們的心理需求，然後我們便能輕易地抓住眾人的目光。」

因爲，眞正的獨特創意就在我們的腦袋裡，無論別人怎麼抄襲，我們始終都有自己的思維，有自己的創意角度，只要我們肯花心思，能多觀察人們的心理需要，新的流行時尚就會在我們的手中發生。

借力使力的行銷妙招

在迅速無常的現在商場中，想靠著「一雙腿和一張嘴」的原始行銷手法來打開銷路，必然無法有所建樹。

多元化的傳播模式，衍生出多元化的行銷招式，不管是想要借力使力，還是希望強化競爭優勢，都必須花費一番巧思。

不管你假借什麼名目，只要能吸引消費者的目光和增加產品的能見度，都是最好的行銷手法。

二十世紀五〇年代中葉，法國有一家製酒公司，決定將生產的名酒「白蘭地」

外銷到美國，但是，當時「白蘭地」在美國完全沒有名氣，是一項沒沒無聞的產品，要如何才能打動美國消費者的心呢？

當製酒公司高階主管為此事傷透腦筋之時，聽說美國總統艾森豪，即將歡度六十九歲生日，於是他們透過電視、報紙等媒體，不斷推出行銷廣告，指稱法國人民為了表達對美國人的友好，和對美國總統的推崇與尊敬，特別贈送兩桶酒齡有六十九年的陳年白蘭地，做為總統的賀禮。

由於，各大媒體都以大篇幅報導此事，「白蘭地」很快地便吸引了美國大眾的目光，開始對這個白蘭地產生了好奇。

到了艾森豪總統生日當天，法國公司還特別租了架專機，將這個特別的賀禮送到美國。

沒想到，當這兩桶被紅色緞帶裝飾的法國名酒被抬下飛機時，竟然吸引了好幾萬人來圍觀。一時之間，關於名酒專程空運送達美國的報導、新聞畫面，甚至是專欄特寫等等，都佔滿了當天的各個版面。

很快地，「白蘭地」便打入了美國市場，甚至成了酒中極品。

福特汽車的創始人亨利．福特曾經提醒所有的企業經營者：「商場就有如戰場，爭取時機就是致勝之道。」

白蘭地公司為了打開美國市場，所使用的商戰策略是「借力使力」，透過為艾森豪總統祝壽的方法，達到攻城掠地的廣告效用。

在迅速無常的現在商場中，想靠著「一雙腿和一張嘴」的原始行銷手法來打開銷路，必然無法有所建樹。唯有運用智慧巧妙掌握身邊的每個機會，才有可能更快速成功。

9. 以變通的思維 找出成功的機會

面對失敗，要以變通的思維去規劃自己的未來，
只要心中的信心未滅，好好地實踐自己的致勝概念，
機會絕對會俯拾可得。

想獲得勝利，就要堅持到底

要有足夠的恆心與毅力，在擅長的領域中堅持付出，最後才能品嚐到成功的甜美果實。

每個人都想要成功，都想要出人頭地，享受功成名就的好處與快感。

然而，成功究竟有沒有秘訣？

當然有，而且這個問題的答案有很多種，但在其中，一定包含了一項永恆不變的法則，那就是堅持到底。

古希臘哲學家蘇格拉底曾經被他的學生問到相同的問題：「請問老師，一個人若想要成功，究竟有什麼辦法？」

蘇格拉底沉吟了一會兒，並沒有馬上回答，只向他的學生們吩咐了這樣一道作業：每天把手臂分別向前、向後甩三百下。

「能夠辦到的人，」蘇格拉底向學生們說道：「我就會將這項秘訣完整地傳授給他們。」

同學們聽了，認為這再簡單不過，都痛快地答應了。

一周以後，蘇格拉底問起這項作業的執行情況，百分之九十的同學都驕傲地舉起了手，說自己每天都照著這套動作做。

「非常好，」蘇格拉底向學生們說：「不過，這樣還不夠，你們必須再繼續不間斷地做下去。」

又過了一個月之後，只有百分之八十的同學仍然堅持。

蘇格拉底點點頭，又向學生們說：「這也還不夠，你們還是必須再持續做下去，每天將手臂分別向前、向後甩三百下，一下都不能偷懶。」

一年以後，當蘇格拉底再次問起，全班只有一人高高舉手。

這位舉手的人不是別人，就是後來另一位偉大的哲學家柏拉圖。這就是偉人和普通人的差別。

其實，成功的秘訣，每個人都能說出那麼幾條來，「堅持到底」無疑是其中公認的一點。

世界上從來就沒有輕鬆容易就能成功的道理，也正是因爲如此，堅持到底才會顯得這麼重要。

如果我們對每件事都只試了一下就放棄，沒有投注足夠的心力與時間，我們就不可能有足夠的了解與認識，更談不上熟能生巧、從中累積經驗與歷練了。

每個人都想要成功、想要勝利，而我們能做的，只有比別人更勤快、更專注、更用心，換句話說，就是付出更多、堅持更久。天底下沒有白吃的午餐，也沒有所謂的不勞而獲；即使聰明如柏拉圖，也要有足夠的恆心與毅力，在自己擅長的領域中堅持付出，最後才能品嚐到成功的甜美果實。

先有實力，才會有運氣

要不斷地充實自己，雖然能遇見「伯樂」是很重要，然而千里馬自己是否具有充實的實力，這才是最重要的事！

許多優秀的企業家最常掛在嘴邊的話是：「想要提高企業的競爭力，人才無疑是最重要的。」

聽見他們這麼說，也許有人會反駁說：「那也要對方是位伯樂！」

難道我們眞的只能默默地等待伯樂出現，而別無他法嗎？

查克·雷諾是美國矽谷一家軟體研發公司老闆，頗具遠見卓識，在激烈競爭的環境中，他經常說：「知識是企業的無形財富，然而想要提高企業的競爭力，人才是最重要的，因為人才是企業最無法估量的資本。」

在這個瞬息萬變的資訊時代，能夠靈活應用並迅速找出最新的科技，是企業成功的首要條件。

因此，雷諾說：「對於人才和知識的渴求，我的確非常急切。」

雷諾深有所感地說：「對於中小企業來說，越是重要職位就越需要爭取最好最棒的人才。因為，任何最重要的工作崗位，不僅提供了最難得的機會，對有才能的人來說，其實也是最難得的挑戰。假若我們就這麼隨便找人，不僅削減了重要任務的價值，說不定反倒還幫了競爭對手的一個大忙。」

深知人才與工作關係的雷諾，在挑選人才上自有其獨特的眼光，只要他相信對方有才能，便會三顧茅廬，如果極力邀請後仍然無法獲得對方的點頭答應，雷諾也從不氣餒，反而會更積極想法子，以贏得才子的心。

有一次，雷諾看中了一個人才，想聘請他來擔任公司的業務主管。

但是，這次他連人情攻勢的絕招都使盡了，仍然無法得到回應，甚至他請託許多重要人物出面，還是得不到結果。

有一天，他再次電話遊說，沒想到對方竟不耐煩地說：「先生，全世界大概只剩您的母親還沒有給我打電話吧？」

沒想到第二天，雷諾真的請遠在以色列的母親打了電話過來，老太太動之以情地說：「請您放心，我家查克絕對是個好人，只要您與他共事後，一定會非常願意與他合作。」

這個方法果然奏效，第二天，電諾辦公室裡的業務主管位子上，正坐著他心目中的最佳人選。

不久，雷諾又發現了一位財務主任職位的好人選，只是這次較困難的地方是，這個人才是在一家大企業裡擔任要職，且待遇相當優厚，聽說雷諾這樣的小公司要來挖角，根本理都不想理。

然而，雷諾並沒有洩氣，他積極打聽到對方鞋子的尺碼之後，便立即買了一雙耐吉牌運動鞋，送到對方的家門口，旁邊則留下了一張寫有「just do it」的紙張，當對方看見電諾如此用心的小動作，心很難不被打動。

於是，在收到鞋子的第二天，雷諾小公司裡的財務主任座位上，也鎮坐著這位雷諾心目中的唯一人選。

希望被慧眼獨具的人發現自己，我們不應該只會靜靜等待，因爲即使像故事中的千里馬，他們也是日跑千里之後，才被雷諾發現他們的「長跑」天分，願意三顧茅廬的啊！

其實，我們不會連一個機會都沒有，那些說找不到機會的人，多數是因爲他們的能力尚未充實。他們不僅對自己的能力感到懷疑，連挑戰未來都會出現擔心的臉，如此一來，如何能散發自信，讓人願意伸出接納與肯定的手呢？

明白人才是公司最重要的資產，那麼我們就更應該要不斷地充實自己，因爲換個角度來思考，雖然能遇見「伯樂」是很重要，然而千里馬自己是否具有充實的實力，這才是最重要的事吧！

下定決心做最好的自己

只要我們下定決心前進，人生不會只有一條直線可以走，每一個彎道都可以去經歷，讓生活多轉幾個彎又何妨？

法國作家安德烈．紀德曾說：「每個人都有驚人的潛力，要相信自己的力量與青春，要不斷告訴自己：我就是命運的主宰。」

不要畏懼前面的道路會有什麼艱難，多給自己多一點信心和勇氣，一步一步往自己設定的目標前進。

只要你能下定決心做最好的自己，那麼人生就不會有遺憾，也不會有所謂的後悔，因爲無論最後的結果如何，你都將在這個過程中，得到別人無法感受到的成就與快樂。

東京通信是新力公司的前身，一九五〇年，東京通信成功地將日本生產的第一台C型錄音機商品化後，創辦人盛田昭夫便負責將產品帶到企業、大學、政府等機構做展示與銷售。

然而，在某一年的訂購單中，有位東京藝術大學聲樂科的學生，居然針對這款錄音機的功能等，提出了具體且詳盡的改善建議，讓盛田大感驚訝。

不久，這位名叫大賀典雄的學生，親自拜訪新力，以專業角度對另一款G型錄音機提出建議，詳細且深入的分析，讓現場每一位專家們都深感佩服，從此大賀的身影便經常在新力公司裡穿梭。

大賀完成學業後，前往德國柏林國立音樂大學留學，並以第一名的成績畢業，從此，他也踏上了第一流歌劇家的路。

直到一九五九年，因為盛田邀請他參與歐洲電子收音機的巡迴展售，才讓他的歌劇路因而中斷。

就在轉往美洲的航程上，盛田熱情邀請大賀加入新力公司的行列，他對大賀說：「身為音樂家，你絕對是第一流的，不過，我相信你更能成為第一流的經營者。但是，想要成為一個成功的企業經營者，最少要花十年的時間學習、累積。只要你能下定決心，我相信你在四十歲之前，必定能成為成功的經營者，你不妨考慮考慮吧！」

聽見盛田忽然說出這番話，大賀完全不懂其意，他只知道：「我是個聲樂家，對於商場的事，根本沒有興趣啊！」

當時，大賀典雄認為，自己並不是塊企業經營者的料。

然而，盛田不斷地說服他，更不斷地激勵他。從另一個角度看，也許盛田比大賀自己更懂得「大賀典雄」。

最後，大賀終於決定加入新力，他在二十九歲時擔任新力公司的第二製造部經理，一九六六年被擢升為新力唱片公司的總經理。

十年之間，他不僅讓公司的銷售額躍升為日本第一，一九八二年更坐上了總經理寶座，展開他雄霸世界的企圖心。

能遇見伯樂是件很幸福的事，只是當伯樂鼓勵你積極發展時，你是否也會像大賀一樣，心中不斷地出現困惑與遲疑？

要懂得變通，才會更加成功！生活中最耐人咀嚼的經驗，正是在這樣的肯定與未知之間，不斷地前進與發展。

只要你下定決心做最好的自己，努力去實踐，你便會像大賀一樣終於發現，原來興趣是可以培養的。只要我們下定決心前進，人生不會只有一條直線可以走，而且每一個彎道都可以去經歷，讓生活多轉幾個彎又何妨？因爲我們永遠有無限的可能！

親身體驗，才能吸收寶貴經驗

不是踩著別人的步伐就一定能成功，更不是聽著別人的指引，我們就一定能看見陷阱，人生一直都充滿著變化。

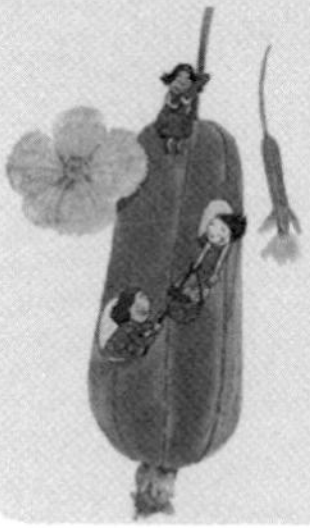

沒有眞正地經歷生活中的甜酸苦辣，只從別人的滿臉苦楚，或滿心歡喜的神情，就眞的能感受到其中的悲傷和快樂嗎？

拿破崙入侵俄國期間，曾在一個小鎮中作戰，期間不幸地與軍隊脫離，就在他孤立無援時，有一群哥薩克人盯上了他，並展開一連串的追捕行動。

於是，拿破崙開始他的逃命步伐，最後他潛入一個偏僻巷弄中的一家賣毛皮的商店裡。當拿破崙氣喘吁吁地逃入店內時，立即對著老闆喊道：「求求您救救我！」

老闆同情地說：「快躲進角落的毛皮底下吧！」

接著，他還拿了許多毛皮覆蓋在拿破崙的身上，就在他蓋好的同時，哥薩克人也來到了毛皮店的門口。

只見這些哥薩克人，一點也不顧老闆的抗議聲音，在店裡亂翻亂搜，為了要找到拿破崙，他們還曾將利劍猛力地刺入毛皮堆裡，所幸沒有任何發現，不久後，一群人便放棄離開了。

過一會兒，當拿破崙的貼身侍衛也尋找到店門口時，拿破崙正毫髮無傷地從毛皮下爬了出來。

這時，老闆怯怯地問拿破崙：「請允許我向您提出這樣的問題：不知道您躲在毛皮底下，知道下一刻可能是最後一刻時，心情怎麼樣呢？」

沒想到這一問，居然令拿破崙動怒了，他生氣地對老闆說：「你竟然敢問我這樣的問題，侍衛們！快將他拿下，還要蒙住他的眼睛，並聽候我的命令，即刻

處決他！」

可憐的老闆被拖到外面，並蒙住了雙眼。

什麼東西都看不見的老闆，隱隱約約間聽見侍衛的動作，當他們慢慢地排成一列，並發出準備射的聲音時，雙腳不由自主地猛烈顫抖。

不一會兒，拿破崙清了清喉嚨，並慢慢地喊道：「預備，瞄準。」

就在那一刻，皮毛商人終於知道，一些無關痛癢的感傷都將永遠離他而去，當眼淚流至臉頰時，心中一股難以形容的感覺忽地出現。

此刻，時空像是被凝結了，過了一會兒，在老闆的耳邊聽見了一個腳步聲，旋即眼罩也被解了下來。由於突然的光明，令他的眼睛有些睜不開，但他仍然可以清楚看見拿破崙的眼睛，與安慰他的微笑。

接著，拿破崙輕聲地說：「現在，你應該知道了吧？」

對拿破崙來說，沒有真正的親身體驗，是無法感同身受的，所以他故意嚇唬毛皮店老闆，讓他真正地親自體會其中的驚恐與求生意識。

從這則軼事當中，我們也學會了一件事，那就是：沒有親身經歷過，是很難表現眞正的「感同身受」。

日常生活中不也如此嗎？不是踩著別人的步伐就一定能成功，更不是聽著別人的指引，我們就一定能看見陷阱。

人生一直都充滿著變化，即使是相同的事件，在不同人的身上發生，都會有不同的感受與發現。

所以，不要用聽說或看見來表露自己的「感同身受」，因爲唯有親自經歷，我們才能得到眞正的體驗，也才能從這樣的經驗中，得到眞正的啓發，讓自己更加懂得變通。

以變通的思維找出成功的機會

面對失敗，要以變通的思維去規劃自己的未來，只要心中的信心未減，好好地實踐自己的致勝概念，機會絕對會俯拾可得。

失業是一個暫停、喘息的機會，對積極的人來說，這是他們自我增值的最佳良機，更是他們重整旗鼓、蓄積力量的重要時機。

態度，決定你的人生高度，如果你一直消極、悲觀、畏縮，只會用負面的角度看世界，那麼就註定一輩子活得卑微。人應該在有限的生命中，發揮無限的潛能，過自己的幸福人生。

伯尼在二十多年的職業生涯中，可說費盡了千辛萬苦，才坐到經理人的位置上，其中的艱苦實在很難為外人明白。

這天，四十九歲的伯尼像往常一樣，拎著公事包去公司上班，途中他想著：「再做個十一年，我就可以安安穩穩地拿到退休金了。」

可是，他萬萬沒有想到，「今天」竟然是他在公司工作的最後一天。

「你被解僱了！」人事部經理對他說。

「為什麼？我犯了什麼錯？」他驚訝地質問道。

經理無奈地回答說：「你沒有犯錯，只是公司最近營運不順，董事會決定裁員，如此而已。」

是的，理由就是這麼簡單，然而簡單的理由，卻讓熬了大半輩子的伯尼，一瞬間從受人尊敬的公司經理，變成了一名流浪街頭的失業者。

失落的日子，讓他過得很辛苦，為了化解內心的痛苦、迷惘和精神壓力，他天天都會來到一間咖啡店呆坐，且一坐總是好幾個小時。

直到有一天，他遇到了一位同病相憐的老朋友亞瑟，兩個同樣遭到解僱的可憐人，雖然苦況相同，然而正因為兩個人可以互相取暖、安慰，反而讓他們得到了尋求解決的動力與辦法。

「我們何不自己創辦一間公司呢？」

當伯尼忽然開口說出這句話時，也同時點燃了亞瑟的生活動力，特別是存在兩個人心中，未曾消失的激情與夢想，再次地被喚起。

於是，兩個人就在這間小小的咖啡店裡，策劃建立新的家居倉儲公司，他們多元運用自己累積出來的經驗與人脈，為事業制定了一份發展規劃，和一個「擁有最低價格、最優選擇、最好服務」的致勝概念，並建立一套能成功實踐的管理制度，準備「展翅高飛」。

這就是美國家居倉儲公司，他們以二十年的時間，發展成為擁有七百七十五家分店、十六萬名員工，與年銷售額三百億美元的全球化企業，為全球零售業發展史上締造了一個新奇蹟。

然而，許多人都不知道，這個奇蹟之所以會誕生，乃肇始於二十年前的一句話：「你被解僱了！」

看著伯尼從失業的頹喪情緒，到決心重振旗鼓的高昂志氣，我們確實也看見了一個不變的道理：「機會始終都在我們的手裡，只要我們不放棄自己，隨時都能看見轉機。」

正在失業中的人，看見了這則案例，是否也得到了激勵與啓發？

其實，沒有人能一帆風順，也沒有人不會遇到困難，但是只要青山仍在，我們就無須擔心找不到木柴燃燒。

面對失敗，要以變通的思維去規劃自己的未來，只要心中的信心未減，好好地實踐自己的致勝概念，機會也絕對會讓我們俯拾可得。

敏銳的觀察力是致勝的關鍵

腦袋懂得變通，不斷地自我啟發，不斷地自我勉勵，自然而然能開創出無限的想像空間，更能積累出無限寬廣的未來。

「能夠敏銳地看見市場的需要，迅速地做出反應並立即實踐。」這是許多自許爲創意人，或希望能領導流行的人，所要努力達成的第一目標。

雖然伊利諾州的哈佛鎮尚未開發，卻早已經是鐵道幹線中的停靠要站，所有往來的火車都會停在這裡加煤、加水，雖然只是個短暫的停留，卻為這個小鎮帶來了不少的商機。

鎮上許多勤快的孩子們，都會把握住火車停靠的短暫時間，奔進車廂中販售爆米花等食物。

在這群孩子裡，有一位十歲的小男孩非常靈活，這天他和其他孩子們一塊兒在搶客人時，忍不住想：「我們這樣搶也不是辦法啊！大家的東西都一模一樣，不久之後恐怕誰也做不成生意了。」

於是，他找來其他孩子，對他們說：「不如我們分工合作，一起想些新花招來吸引客人吧！」

就這樣，他們研發出新的爆米花口味，包括奶油口味、煉乳口味等；不久，他還利用一個報廢的鐵箱，設計出一台小小的爆米花車，那不僅能保溫，還能放置更多的食物上車叫賣。

有一年，一場大風雪來襲，嚴重的積雪，導致火車靠站後無法開動，乘客們只能坐在車廂內枯等。

這時，小男孩又看見了新的商機，他回到家裡，請合作夥伴們一塊兒趕製許多三明治，然後讓負責外賣的夥伴帶到火車上去販售。

沒想到那些賣相不佳的三明治，不到幾分鐘時間便被搶購一空，而男孩在結算時更發現，這個小小的「看見商機」，居然讓他賺了一筆小財。

從此，小男孩不再侷限他的商品，而是隨著季節與乘客需求，不斷地開發與研發各式的新產品，像是能背在肩上的蛋捲冰淇淋箱……等。

由於小男孩的生意非常好，火車上的「小販」也越來越多，當競爭對手越來越多時，小男孩也意識到在火車販售的機會將會越來越少。

於是，他在賺進一筆小財富後，便毅然地退出競爭行列。

不久之後，站長宣佈，為了維護乘客們的乘車品質，在車站與車上的一切商業行為都要禁止。

這個富有遠見與危機意識的小男孩，正是摩托羅拉公司的創始人保羅·高爾文，因為從小培養出來的敏銳觀察力與靈活思考，讓他日後在商場上不斷地締造傲人的佳績。

觀察力敏銳過人的保羅·高爾文，在人們只知道「賺錢」爲最重要目標時，便發現了「創新」與「開發新市場」的重要性，於是，我們看見了保羅．高爾文從小累積的創意實力，更預見到他的未來，必定能無限地伸展。

也許有人要問：「一個人的能力到底可以發揮到什麼程度？」

就像小保羅的表現一樣，正如每一位勵志專家們所說的：「無限寬廣！」

在成長的過程中，如果我們能像保羅一樣，腦袋懂得變通，不斷地自我啓發，不斷地自我勉勵，自然而然也能像他一樣，開創出無限的想像空間，更能積累出無限寬廣的未來。

沒有企圖心，就不可能成功致富

如果，你被列入貧窮戶籍，那麼你應該責怪的對象，其實是你自己。因為是你放棄了生活的野心，讓自己成為貧窮人家的。

每一個人的路從來都紮實地踩踏在自己的雙腳底下，生活是否能充滿活力，也只決定在我們的企圖與決心。

人要用積極的心態，改變自己的未來，讓自己人生路途豁然開朗。

千萬不能淪爲任由命運支配的傀儡，只要你充滿信心與希望，終究會開創屬於自己的輝煌時光。

巴拉昂是法國前五十大富翁之一，他靠著推銷裝飾肖像畫起家，在不到十年的時間內，迅速成為法國最年輕的媒體大亨。

一九九八年，他因前列腺癌去世，臨終前留下了一份遺囑，將四．六億法郎的股份捐獻給博比尼亞醫院，用於前列腺癌的研究；另外還有一百萬法郎，則要送給揭開貧窮之謎的人。

巴拉昂去世之後，法國《科西嘉人報》刊登了他的遺囑，上面寫道：「我曾經是個很貧窮的人，去世時我以富翁的身分走入天堂。雖然我就要跨入天堂了，在跨入之前，我不願將致富的秘訣帶走，現在，我把秘訣鎖在法蘭西中央銀行的一個私人保險箱裡，而保險箱的三把鑰匙，分別放在我的律師和兩位代理人手中，只要有人能答對『窮人最缺少什麼』的答案，他便能從保險箱裡，帶走一百萬法郎。」

遺囑刊出之後，《科西嘉人報》收到了大量的信件，其中多數人都認為，窮人最缺少的是「金錢」。

也有的人認為，窮人最缺少的是「幫助」和「關愛」，更有人認為，窮人最

缺乏的是「一技之長」。

此外，還有人認為，窮人最缺少的是「機會」。

其他，像是一個好運氣、一件名牌外套或是總統大位等等，總之答案可說是琳瑯滿目，甚至讓人瞠目結舌，不過有位名叫蒂樂的九歲女孩卻答中了！

就在巴拉昂逝世週年紀念日這天，答案終於揭曉了，一如蒂樂所寫的：「每次，姐姐帶她的小男朋友回家之時，都會警告我說：『不要有野心，不准有野心啊！』所以，我猜想應該是『野心』這個東西，會讓我們得到自己想得到的東西吧！」

沒錯，答案就是「要有野心」，簡單地說正是你的「企圖心」。

如果你有興趣向那些出現街角或路邊的乞討者問這樣的問題：「你對現在的生活滿意嗎？」

相信，你將得到這樣一個答案：「有得吃就好了！」

如果你再進一步問他：「難道你不想多賺點錢，過更好的生活嗎？」

相信他將會回應你這樣的答案：「我這樣難道還不好嗎？」

這樣的答案不是只有在乞討者身上才能看見，在我們生活的周遭，不也經常看見缺乏企圖心的上班族們，總是滿臉愁容地站在原地，不住地埋怨。

事實上，這些人絕大多數缺乏主動積極的上進心，雖然我們能聽到他們的埋怨聲，卻看不見他們努力向上的活力；因爲缺乏企圖心，當然，更無法看見他們成功致富的願景。

延伸巴拉昂的說法，我們可以看見他的另有所指：「如果，你被列入貧窮戶籍，那麼你應該責怪的對象，其實是你自己。因為是你放棄了生活的野心，是你讓自己成為貧窮人家的。」

不要錯過每一個可能的機會

不可預期的機會，隨時都在上演，我們更要懂得把握，同時學會看見這些偶然的機遇裡所暗藏的奧秘。

不論大小，機會都是人創造出來的，而每一個機會我們都不能錯過，即使只是個偶然的小發現，也有可能是前進未來的重要跳板。

居里夫人曾說：「弱者坐待良機，強者製造時機，但是，智者則會在坐待良機和製造時機之前，先做好準備。」

一個人能不能有所成就，只須看他在等待機會的同時，是否做好迎接挑戰的準備。如果平時不充實自己，即使有一百個機會找上門，也只能眼睜睜地看著這些機會從指縫中溜走。

一八九五年十一月八日深夜，倫琴教授在沃茲堡大學實驗室，用一張黑紙把一只真空放電管緊密地包裹起來，然後離開了實驗室。

那只放電管是克魯克斯教授所研製，它能產生微弱的陰極射線，可以利用它來研究帶負電的高速電子流。

這時，倫琴教授想起忘了關閉陰極射線管的電源，於是折回實驗室。門一開，眼前的情況令他大吃一驚，因為在黑暗中，有一條板凳正放射著一束綠色的螢光！

當他切斷電源時，螢光便自動消失了，再接通電源後，那道螢光則再次出現。等到教授接近後發現，板凳上有一塊硬紙板，他想：「難道是克魯克斯管中有某種未知的射線，射到紙板上所引起的嗎？」

好奇的倫琴教授，忍不住將手伸到克魯克斯管前晃了晃，這個試驗動作，又一次令他大吃一驚。

因為，在離管兩公尺遠的一個備用螢光屏上，他清楚地看見一個淡淡的手影，而且這個影子居然是「一節節骨骼」的影子。

倫琴大聲叫道：「我看見了我的骨頭！」

面對著這個「魔影」，倫琴教授並沒被嚇倒，反而引起他更強烈的好奇心，為了找出真相，他一連十天都沒有走出實驗室，不眠不休地研究他的新發現——那道神秘之光。

「我也不曉得是什麼光，無以名之，就姑且叫它X光吧！」他寫了一封報告書給他的老師。

就這樣，倫琴教授成了X光的發現者，這個偉大的發現也讓他拿到了諾貝爾物理學獎。

科學史稱這種發現爲「偶然的遭遇」，關於這種神奇的「偶遇」，科學界的例子可說是不勝枚舉。

例如，法拉第在做青蛙實驗時所發現的電流，又如英國科學家柏琴，原本要用化學方法合成奎寧，卻發明了合成染料苯胺紫，還有荷蘭磨眼鏡片的學徒，因爲鬧玩兩塊鏡片而讓他偶然發明了望遠鏡……等等。

生活中，像這樣不可預期的機會，不也隨時都在上演嗎？

正因爲它們的偶然性，讓我們更要懂得把握，同時學會看見這些偶然的機遇裡所暗藏的奧秘。

一如「X光」，早在倫琴發現X光之前，美國科學家古德斯柏就在實驗室裡，偶然洗出了一張X射線的透視底片，但他卻將照片歸因於沖洗的藥水與技術，最後更把這些底片當垃圾處理。

而這也正是「看見」和「發現」的區別，「看見」了卻沒有「發現」，成功機會便這麼輕輕地溜走了。

10.

先做好準備，
才能放心面對

做好準備，才能臨危不亂！

想輕鬆前進，想充分表現自己的能力，

那麼在機會或危機來臨前，便要做好充足準備。

努力地往前看，因為未來就在前方

只要我們懂得珍惜殘缺人生中難得的擁有，那麼不管我們歷經多少不幸，我們都能感受辛苦中的甘甜滋味。

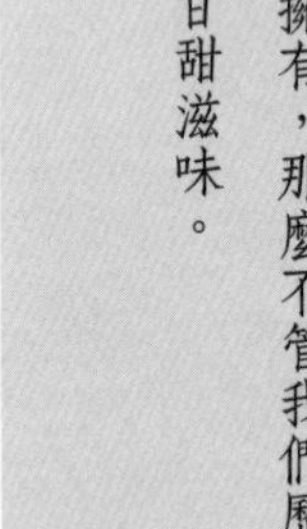

不斷地回想過去，我們能改變多少已發生的事實呢？反覆地抱怨昨天的是是非非，事情又有多大的扭轉空間？生活只有不斷地往前進，沒有太多的後退空間，我們唯有面對未來，努力地往前踏進，然後才能扭轉昨天鑄成的錯誤。

有兩個背景相似的亞洲孤兒，分別被歐洲人收養，在養父母悉心照顧下，他

們不僅接受了完善的教育機會，更有著安穩且幸運的未來。

但是，無論上帝給予人們多少的機會，總是會有人感到不滿足，就像這對幸運被收養的孤兒一般，如今他們都已來到中年，一個是位四十出頭的成功商人，另一位則是在校園裡教書。

有一天，兩人和老朋友相約聚餐，在燭光下，他們很快地便進入外國生活的話題，然而不久之後，那位老師卻又進入了記憶裡的悲傷角落。

他回想著自己：「想起養父母當初帶我到遙遠的歐洲來，心中的孤獨有多少人知道，我是個可憐的孤兒，這段過去讓我十分痛苦。」

一開始時，每個人都表現出同情的臉龐，但是隨著他的怨氣越來越沉重，連同是孤兒的商人朋友也感到厭煩，於是忍不住揮了揮手說：「夠了，你說完了嗎？別一直說自己的不幸，你有沒有想過，如果當初養父母在上千位孩兒中挑中別人，今天的你會在哪裡？」

這位老師不以為然地說：「你知道什麼？我不開心的原因是在……」

接著，他又將過去不公平的待遇再次陳述了一次。

商人朋友聽完後，搖了搖頭說道：「我真不敢相信你到現在還這麼想，記得我二十五歲時，也像你一般，無法忍受周遭一切人事物，而且痛恨世界上的每一個人。總之，那時好像所有的人都故意要與我作對一般。在傷心且無奈的情緒下，我每天都極其沮喪地過日子，那時的我和現在的你一般，心中都充滿了怨懟與仇恨。」

「但是，那又如何？」商人輕輕地吸了口氣，接著又說：「幸好，我很快地找到了喘息的空間，我想勸你，別在那樣對待你自己了！認真地想一想，其實我們很幸運，至少你沒有像真正的孤兒那般悲慘一生，看看你自己，接受了那麼多的教育機會，也得到了那麼好的生活資源，這些擁有難道不足以讓你感到滿足與珍惜嗎？」

商人緩了緩自己的情緒後說：「我們現在有許多該做的事，首先是，不再自怨自艾，不再找藉口哭泣，而是要積極地幫助與我們遭遇相同的孤兒們，也能像我們一般，擁有自己的天空，也擁有幸福的明天。還有，只要你能擺脫顧影自憐的情緒，你便會發現自己有多麼幸運，然後你也會像我一般，獲得你想要的成功

結果。」

教師聽見商人朋友直斥自己之非，心頭確實一震，卻也因此震醒了他幾十年來的錯誤心態。

當友人打斷他悲慘的回憶同時，他也搬開了生活中的大石頭。

只見身為教師的他，認真地點了點頭，說：「嗯，我明白了！我確實該重新選擇明天要走的路。」

沒有人能擁有十全十美的生活，但是只要我們心中充滿了十全十美的「滿足感」，那麼我們便已經擁有最富裕的人生了。

讀著故事中兩個人的生命態度，我們也領悟出一件事：「生活的幸福感是自己給自己的。」

只要我們能像知足的商人一樣，懂得生命中無法完美的另一種美，也懂得珍惜殘缺人生中難得的擁有，那麼不管歷經多少不幸，都能感受辛苦中的甘甜滋味。

當商人認真地糾正教師的心態，糾正他錯誤的埋怨情緒時，你是否也忍不住重新思考自己的人生態度呢？

過去的是非終究已經過去，今天如果已幸福地擁有一切，那麼我們只需記住眼前幸福，並珍惜擁有，就會像一位哲人所說的：「今天幸福，便足以代表從過去到未來，我們的一生都是幸福。」

成功的跳板就在我們身邊

只要我們的企圖心強，只要我們的膽識過人，只要我們的智慧充實，那麼，許多人事物都會是我們的成功跳板。

機會眞的看不見嗎？還是你總是退縮，害怕前進呢？

其實，每個人都有許多機會。只是因爲個人的膽識與能力不同，而讓原本均等分配在你我手中的機會，在悟性不足或探尋不力的情況下，發生老是等不到機會的窘況。

機會就在我們身邊，成功的跳板也在我們身邊，記住歌德曾寫給兒子一段話：

「我勸你堅持不懈，牢牢地抓住現實生活。每一種情況，乃至每一片刻，都有無限的價值，都是整個永恆世界的代表。」

在二次大戰期間，德軍佔領的芬蘭北方，出現了一個神秘的游擊組織，那是由英國飛行員約翰尼領導的反抗組織，由於約翰尼的組織好幾次突擊成功，很快地便成為當地的英雄人物。

直到芬蘭解放後，盟軍開始尋找這位神秘的英雄人物，然而根據官方的調查顯示，約翰尼在德軍退守前便因病去世了。

最讓人難以置信的是，英國皇家空軍最後還發現，在他們的飛行員名單中，居然沒有約翰尼這個名字存在。但是，為什麼這個名叫約翰尼的人的事蹟卻如此普遍地流傳著呢？

後來，這個反納粹組織的游擊隊員也對外公開表示：「老實說，我們從未見過我們的領袖。」

「你們沒有見過約翰尼，怎麼知道他的指令與計劃呢？」

「一切行動，全由一位名叫安妮的小女孩傳達。」

後來，盟軍找到了安妮，也終於弄清了事情的真相。

原來，安妮和弟弟一直很想參加當地的游擊隊，但因為他們年紀太小，沒有人願意答應他們。

直到有一天晚上，他們在家門口發現了一位受重傷的英國皇家飛行員，很高與自己終於有機會參與這項抗戰任務。

儘管這兩個孩子盡心盡力地照顧這位飛行員，但他實在受傷太嚴重，最後還是因傷勢過重而去世了。

姐弟倆第一次面對死亡，十分傷心，然而就在這個時候，小弟弟竟天真地說：「如果飛行員不死，他就能領導我們展開反抗運動了。」

安妮聽見弟弟的話，忽然心生一個念頭：「嗯，雖然他已經死了，但是我們仍可運用他的名義，展開抗戰行動。」

於是，姐弟倆將飛行員的遺物和證件收好，並積極策劃一個游擊小組，接著便對外聲稱，這個是由英國皇家飛行員所領導的組織：「為了保護領導者的安全，將由我們姐弟倆執行訊息的傳遞。」

因為有飛行員的證件，也因為他們姐弟倆只是傳聲員，人們很快地便相信他們的話；原本缺乏援助的游擊隊，一聽見有英國的皇家飛行員挺身當他們的領導，一下子便凝聚了人氣，也增加了大家的信心。

一時間，士氣大振，游擊隊多次出擊都令德軍連連敗退，最後終於成功地讓德軍退出芬蘭。

後來，盟軍領袖問安妮說：「妳為什麼不親自出面呢？」

安妮認真地說：「不行啦！我們只是鄉村小孩，連加入戰鬥小兵都不被接受了，如果我們出面組織游擊隊，有誰會相信我，願意跟我走呢？」

盟軍笑著說：「於是，你們就借用了『虛擬英雄』的力量來號召啊！」

安妮點了點頭，接著又不好意思地問：「這不算欺騙吧？」

積極救國的安妮，竟勇敢地借用英雄之名，不僅充分表現出她的膽識，更突顯出靈活的思維與積極的行動，將創造出一股無與倫比的巨大力量，而這也正是在混沌局勢中，擁有智慧與勇氣的人得以突圍而出的主因。

從安妮的成功經過中，我們也發現了一件事，仔細看看身邊的人事物，只要我們的企圖心強，只要我們的膽識過人，只要我們的智慧充實，那麼，許多人事物都會是我們的成功跳板。

生活的決定權在我們手中，事情能否迎刃而解，關鍵不在問題的難易程度，而是在我們是否有決心解決，又是否對自己的解決能力充分相信。

只要這兩項都是肯定的，無論我們遇上什麼困難，也都能像安妮一般，緊緊把握住每一個躍向成功的機會。

用心，才能突破瓶頸

只要多用一份心，坦然地面對問題與缺失，不僅能迅速地填補缺漏，更能緊抓住事情發展的重要關鍵，踏入成功的領域。

莎士比亞告訴我們：「千萬人的失敗，失敗在做事不徹底，往往做到離成功還差一步，便終止不做了。」

唯有絞盡腦汁突破臨界點，失敗的盡頭才會化爲成功開頭。

流行的風向將往哪兒去，時尚的需求有哪些東西，方向就在你的腦海中。只要你能比別人多花一分鐘想想，很快地你便會驚呼：「我想到了！」

成功就是這麼簡單，很多人之所以無法達成，那是因爲他們面對困難時總是

比別人少堅持一分鐘！

瑪莉是一位英國服裝設計師，有一天黃昏，她照慣例來到街頭散步。

忽然，有一群漂亮的女孩子經過她身邊。瑪莉微笑地看著她們，她們也回應一個笑容後，便開始聊女孩家的心裡話。

其中有個女孩說：「妳們看，現在流行的服裝真乏味，一點也不好看！」

另一個女孩也呼應說：「是啊！妳看這條破裙子竟然流行到現在，實在很難看，真想把它剪壞、丟掉。」

瑪莉聽見女孩們的抱怨，不禁感覺十分羞愧，心想：「身為一個設計師，的確要多一些創新，讓女孩們從服裝上表現出應有的青春活力！」

瑪莉認真地想了又想，忽然驚呼道：「剪！是啊，如果我把裙子再剪短一些，那不就能充分展現女孩們的美麗身材和青春氣息嗎？」

於是，瑪莉立即停止午後休閒活動，立即奔跑回家，動手製作起她的新設計，一件被剪短的裙子。

「短裙子」一上市，很快地便銷售一空，後來，人們也正式給予這件裙子一個名字，叫做「迷你裙」。

從此，迷你裙的風采不僅在英國掀起一陣流行，更在世界各地燃燒出一股熱潮，瑪莉也因為這個「剪短的裙子」創意，坐上了流行服裝設計大師的寶座，當然，這個創意發想更為她賺進了千萬的財產。

因爲一個剪字，讓瑪莉聯想到了青春活力，因爲多一份留意，讓她多思考了一分鐘，也讓她多賺進了一筆非凡財富。

無論你我選擇什麼樣的工作範疇，都要有「比別人多一份心」的態度，因爲這是突破工作瓶頸的自勉力量，也是讓我們挖掘成功湧泉的支持力量。

正因爲一切力量始終都源自於我們的心，所以，用「心」探尋的瑪莉能聽見女孩們的「心」聲。

瑪莉的名利雙收，再次地印證了創意人的成功技巧：「只要你能多思考一秒鐘，只要你能多用心一分鐘，那麼你就能看見成功的契機！」

從古至今，這不僅是衆多成功者的共同經驗，也是他們分享成功經驗時的重要體悟。

只要我們能多用一份心，坦然地面對問題與缺失，並積極發現其中缺漏處，那麼，我們不僅能迅速地填補缺漏，更能緊抓住事情發展的重要關鍵，踏入成功的領域。

放棄本色，就很難出色

沒有什麼事比做自己更加快意，別再看輕自己，也不要再用全然否定的態度看自己。成功者不正是因為充分地展現本色而讓人著迷呢？

說實話，你自戀嗎？

其實，有些自戀並無妨，因爲自戀的人，基本上都不會輕易否定自己，也不會太在意別人怎麼看自己，更不會盲目追隨別人的腳步。對他們來說，做自己的目的，就在表現出最好的一面。

所以，不妨多愛自己一點，也多喜愛自己一些。只要我們懂得欣賞並尊重別人的特色，那麼在堅持自我本色同時，我們已經走向了成功的坦途。

在某個草原上，有一大群牛生活其中，牠們的性情極其溫馴，極少爭吵爭鬥，更會相互關照，一塊兒尋找生活場所。那祥和的氣氛和有如世外桃源的生活環境，深深地吸引著一頭驢子。

驢子看著這群和睦、幸福地生活在一起的牛群，心中很是羨慕，因為長久以來，牠始終渴望擁有悠閒安穩的生活。

「我要和他們一樣！」驢子想著，最後，牠決定要仿效牛的生活方式和行為，相信只要能跟著牛隻動作，就能像牠們一樣快樂自在地生活。

只見驢子悄悄地跟著牛群遷徙，終至來到了一處草茂水豐的地方。驢子混在其中間，左右張望，甚至是又跑又跳，牛兒們看見新朋友，雖然不是同類，但沒有加以排斥，反而禮貌地對牠示好，這卻讓驢子莫名地驕傲了起來。

驢子趾高氣揚地跟著牛群，好似牠也是牛族的一員。

可驢子就是驢子，無論如何也改變不了天生的本性。想變成一頭牛根本是不可能的事，因為牠連最基本的安靜吃草都做不到，不時地在草地上用驢腳前刨後踢，把原本好好的草地踐踏得亂七八糟。

最糟糕的情況，是每當牛群在水邊安靜飲水時，牠偏偏要把腳踏進水中喝水，把原本乾淨清澈的池水攪得混濁不堪。

此外，驢子雖想盡辦法學習牛的叫聲，可是不管牠怎樣模仿，始終也叫不出「哞」的聲音。

最終，溫和的牛群們終於忍受不了這頭蠢驢，即便當作娛樂表演項目看，那表演技巧也太過拙劣，將牛群們的生活秩序與氣氛全部破壞了。

一天，牛兒群起攻之，有志一同地決定趕走這頭蠢驢。

驢子被一頭牛用利角頂了一下，跟著便倒在地下，遭遺棄在水邊，至於牛群則在驢子醒來前，浩浩蕩蕩地離去另覓寧靜的新生活天地。

笑看著驢子的模仿動作同時，你想必也心疼牠積極加入牛群的努力吧！

不妨從小驢子的身上思考，想一想我們自己，是否也曾為了得到人們的認同，而勉強自己配合別人？是否也曾經為了增加自己的信心，學習模仿別人邁向成功

的腳步？

不管是牛或驢，因爲生長環境的不同與天性的不同，讓牠們有了不同的性格與特質，並沒有誰是最優秀的，更沒有誰的表現方式是低級粗鄙的。

既然是「驢子」，又何必硬把自己當成「牛」？事實上，只要我們自在且真誠的表現自己，努力地展現優點，那麼所有萬物，包括你和我，都會是世上「最優秀的一員」。

沒有什麼事比做自己更加快意，所以別再看輕自己，也不要再用全然否定的態度看自己。沒有人是十全十美的，不管他人身上的色彩多麼美麗迷人，我們都不應該放棄本色。再轉個念頭想，成功者不正是因爲能夠肯定自己，並充分地展現本色而讓人著迷呢？

先做好準備，才能放心面對

做好準備，才能臨危不亂！想輕鬆前進，想充分表現自己的能力，那麼在機會或危機來臨前，便要做好充足準備。

習慣臨時抱佛腳的人，一定不明白輕鬆面對的快樂；常讓自己處在擔心慌亂情況的人，想必非常渴望能微笑解決問題。

其實，想擁有這樣的功力並不難，先想像未來可能出現的危機，或計劃中準備實踐目標所需要的能力，然後從現在開始先做好準備。

如此，等到目標接近時或真的遇上危機時，我們自然能從容不迫地解決問題，輕鬆抵達目的地。

有隻野狼正悠閒地躺臥在草地上磨牙，遠遠地走來一隻狐狸。

狐狸熱情地邀情野狼：「今天的天氣真好，我們正在另一塊草地上玩樂，你要不要也加入我們的行列呢？」

野狼抬頭看了狐狸一眼，卻沒有給任何回應，低下頭繼續磨牠的狼牙。

狐狸看著野狼，實在不瞭解牠為什麼非得把牙磨得又尖又利：「我說大野狼啊，現在森林如此安靜，獵人和獵狗也早就回家了，至於大夥最害怕的虎王，現在也很少在附近徘徊，一切如此平靜安全，一點危險情況也沒有，你為何還要那麼費勁兒地磨牙呢？磨牙那麼好玩嗎？」

聽見狐狸這麼問，野狼停下動作，總算給了回應，但卻老大不高興地說：「我磨牙並不是為了好玩！」

「不然，你沒事幹嘛磨牙？」狐狸問。

「朋友，危機隨時都會發生的，請你仔細想一想，若是有一天我不幸遇上獵人或老虎，平時根本沒做好準備，直到那個緊急時刻才想到要磨牙，試想這樣來得及嗎？」野狼說。

聽見野狼這麼問，狐狸一時呆住，不知道要怎麼回應。

野狼知道狐狸還不明白，接著又說：「平時做好萬全準備，才能放心面對。我先把牙齒磨利，萬一真的遇到危險時刻，我便能保護自己了，不是嗎？」

「危機隨時都會發生，所以要做好準備，才能臨危不亂！」這是野狼告訴狐狸的生活叮嚀，同時也提醒我們走在人生道路上，要事先做好準備，才能隨時準備面對挑戰。

人生戰場如此，夢想戰場更是如此，沒有做好準備，不管我們怎麼行動，也不管我們朝哪個方向前進，恐怕不必危機出現，我們便會因爲心生畏懼而退縮，甚至失誤連連。

道理很簡單，仔細想一想，當我們自知能力不夠時，主管卻要將重要任務交給我們，心裡的恐懼想必轉眼即生。要是我們對自己的信心不夠充實，覺得自己的能力有所不足時，機會一到手中，除了擔心害怕之外，恐怕鮮少有人有勇氣硬著頭皮向前衝吧？

挫折往往來自錯誤的選擇！想輕鬆前進，想充分表現自己的能力，那麼在機會或危機來臨前，便要做好充足準備。

別以爲平時用不到利牙，就不再磨牙，這樣當危機逼近或機會降臨時，將會失去應付突發狀況的利器。

用盡蠻力，不如花點腦力

凡事無須固執，也不要直線思考解決問題的方法，如何找出最好的招數反將對手一軍，這才是生活應當學習的課題。

你曾經玩過不倒翁嗎？當你猛力地打倒不倒翁之後，它是不是反而更加迅速地站了起來？

其實，不倒翁的原理正是成功之道。蠻力根本解決不了問題，面對著永不躺下的不倒翁，我們也明白了「力敵始終不如智取」。

有天，和珅向乾隆皇上了一份奏折：「劉墉私吞八旗公款，在山東修建了一座比御花園還要氣派的庭園，請皇上明察。」

乾隆皇一聽，皺著眉說：「是嗎？擒賊要拿贓，你可有證據？」

其實，和珅所得到的只是空穴來風的傳聞，只好命人暗中監視，希望能早點抓到劉墉的把柄。只是，證據還未拿到，和珅參奏一事便傳進了劉墉耳裡。聽聞此事，劉墉憤憤不平地思索著：「這傢伙居然胡亂告御狀，那好，我就送你一個『證據』。」

幾天之後，探子從劉墉家的後門發現了一隊騾子，背上馱著一包包大袋，一行人悄悄地往東直門前進。

探子見狀立即回報，而和珅一聽，連忙下令：「真是天助我也，你們快把他們押回來。」

第二天早朝，和珅將早已擬好的奏折呈上，皇上看後臉色登時大變：「劉墉，你居然這麼大膽，竟敢偷運大批官銀回山東建造庭園？」

劉墉看見皇上震怒，立即跪了下來，接著卻十分冷靜地說：「請皇上息怒，這隊騾子的確馱了二十萬兩白銀，但是那是我多年來存下的俸祿，其中還有幾位大臣的捐款，是要送往山東賑災的，裡頭還有收據，如果皇上不相信，不妨當面清點。」

乾隆見劉墉說得合情合理，便答應了，於是和珅命人將幾十個袋子全呈上殿，接著便在乾隆的面前打開。

「這……皇上……」

只見和珅與劉墉的臉上同時現出「大吃一驚」的模樣，因為袋子裡倒出來的全是破碎的磚瓦，連個碎銀子的影兒都沒有。

劉墉立即焦急地對皇上說：「皇上，那二十萬兩白銀可是賑災的救命錢啊！如今被人換成了磚頭瓦塊，這該如何是好！和珅大人怎麼可以這樣做？求皇上做主，替微臣討回公道啊！」

原本相信和珅的乾隆皇帝，這下也下不了台，大聲斥喝著：「大膽和珅，竟敢指使家丁攔截賑款，這與盜匪無異，理應治罪。姑念你平日勤於政事，免予責罰，但是你們劫取的銀兩要立即交出，另外再罰款二十萬兩賑濟災民。」

若從人性角度裡來評斷這件民間流傳的軼事，多數人只會驚嘆於劉墉心機深沈，然而，若從解決危機的角度來評析，我們不得不承認大多數狡猾的人都是「聰明人」，深諳處世之道。

就像故事裡與和珅鬥智的劉墉，並沒有使用蠻力，更沒有任由和珅欺壓，無論面對怎樣狡詐的競爭對手，劉墉總是能充分展現出成功者的冷靜與機智。這都是經常失手的「老實人」所缺乏的處事機智。

從歷史故事中走出來，現實生活裡我們待人接物時應保有堅持與柔軟度，凡事無須固執，也不要直線思考解決問題的方法，冷靜地想一想如何找出最好的招數反將對手一軍，這才是生活應當學習的課題。

用一點心思，助人不是麻煩事

幫助別人不是必須大費周章的麻煩事，只要當成在做一件日常生活應該做的小事，便能輕易做到。

利用組織性的慈善機構幫助需要幫助的人，在自己的能力範圍內，每個月撥出一小筆錢來幫助弱勢族群、失學的孩子，以及他們的家庭，是一種很好的助人方式。

對自己來說，只要少喝杯飲料、少看場電影就能做到的小事，卻能對別人的一生造成極大的影響，何樂不爲呢？

希拉·凱茵飽受纖維肌肉瘤之苦，超常的體重使她的行動嚴重受阻，只能整天待在家裡，生活起居全都得靠家人幫忙，這讓凱茵覺得自己就像個廢人一般毫無用處。

她從來沒想過，有一天一無是處的自己能找回自信，這都要歸功於幾位好心的陌生人，讓她第一次發現了自己的個人魅力。

這件事開始於凱茵發現的一個專門幫助婦女減肥的網站。

這個組織的成員大約有十五個人，幾個月來一直與凱茵保持密切地聯繫，仔細且耐心地教導她有效減肥方法，並交流各種心得，這些方法幫助凱茵一下減了四十五公斤之多。

當這個網站計劃在芝加哥舉行一個大型晚會的消息傳來時，凱茵的身體已經強壯得足以成行，但卻受限於財力狀況，只好放棄參加的機會。

幾位凱茵的網友以教母自稱，不願透露自己的真實姓名，慷慨且無聲息地為凱茵捐助了她此行需要的一切費用。凱茵從來不知道她們的姓名，但她心裡明白是她們幫助自己減肥成功的。

凱茵回憶道：「我簡直不能相信，這就像童話故事那樣美好，我的夢想竟然成真了。」

減肥小組的主要發起人覺得幫助凱茵有著深遠的意義，她說：「我所受的教育不多，但我總是夢想長大以後，能夠成為一個夠幫助別人的人，就像所有神奇且溫柔的教母一般。」

很多年輕時吃過苦的人，會許下「有朝一日要幫助別人」的心願。或許他們的成就無法大到「造橋鋪路」，但是並不影響幫助別人的決心。

就像凱茵受到許多「教母」的幫助一樣，只要每個人付出一點心力、一點金錢，就能幫助一個女人拾回生命的意義，不也是人生的另一種成就？

幫助別人不是必須大費周章的麻煩事，只要當成在做一件日常生活應該做的小事，便能輕易做到。

做一件不經意的小善事，然後你會發現，感覺多麼快樂！

不尊重，就無法良性互動

一味將自己的想法、價值觀與標準套用在別人身上，只會使自己的人際關係遭到磨損，即使是最好的朋友也會不歡而散。

美國舌戰大師丹諾曾經在自傳中一再提醒讀者一個簡單而重要的觀念：「世界上沒有任何兩個人的品行會是完全相同的。」

唯有徹底了解這點，我們才能設身處地爲別人著想，也才能和周遭的人物進行良性互動，建立良好關係。

在日常生活當中，我們每天必須面對許多不同背景的人，他們可能是我們的同事、客戶，可能是我們的同學、朋友等等。

每個人有著不同的生長環境、家庭組成，有不同的人生歷練與遭遇，因而造就了各自不同的性格。

我們與身邊的人相處時，難免會遇到在觀念上、在做人處事上，與自己南轅北轍的情形，這正是需要運用我們的人生智慧的時刻。

狐狸突然跑到鶴的家中，想要請這位好朋友到自己家裡吃飯。牠對鶴說：「親愛的鶴，到我家來一趟，我想要請你吃頓飯。真的！一定得來！」

鶴聽到後，很開心地應邀赴宴。這時，狐狸已經煮好碎麥飯，隨即把飯平抹在盤子上，然後把盤子端上來，對鶴說：「請用吧，親愛的鶴！」

鶴用牠那長喙敲啄著盤子，發出篤篤的聲音，但是試了好久，敲啊敲地啄了半天，卻什麼也沒有吃到。而狐狸則舔舔自己的身子，又舔飯粒，就這樣把飯全都吃掉了。

牠把飯吃光以後說：「鶴，請別見怪！沒有別的東西可以招待啦。」

鶴沒好氣地回答說：「你太客氣了，狐狸，我想好好地答謝你！明天請你到

我家裡做客吧。」

第二天，狐狸來到鶴的家裡，鶴已經把冷拌湯做好了，牠把湯倒入一個罐裡，然後把罐子放到桌上說：「狐狸，請用吧！」

狐狸開始圍著罐子打轉，一會繞著罐子走，一會兒舔舔罐子，一會兒聞聞罐子。總之，任憑狐狸怎麼做，都無法使自己的腦袋鑽進罐子裡，就這樣，鶴把湯全部喝光了。

「狐狸，請別見怪啊！沒有別的東西可以招待啦。」鶴這樣說著。

狐狸心裡懊惱極了。牠本來想吃得飽飽的，然後才回家，可是現在，只得灰心地走了。

從那以後，狐狸和鶴的友誼就告吹了。

正是因爲人與人有著不同的差異，這個世界才會如此豐富精采。我們無法把自己變成他人，也無法讓他人變成自己，因此，最重要的，是要尊重彼此的差異，理解彼此的不同，而不是一味地覺得：「爲什麼他不照我所想的方法去做呢？」

或是「這麼簡單的道理，爲什麼他不明白呢？」

一味想著將自己的想法、價値觀與標準套用在別人身上，只會使自己的人際關係遭到磨損，即使是最好的朋友，到最後也會不歡而散。

就如同故事裡的狐狸與鶴，既然我們在先天上有相當的不同，就應該相互了解、溝通，尊重自己與他人的差異，唯有如此，我們才能在與他人相處的過程中，彼此學習、成長，豐富自己與他人的生命。

別把才能用錯地方

尋找機會發揮所長的時候，要謹慎地提醒自己：「你的才能一定會有發揮的空間，但是，千萬不要用錯了地方！」

你準備讓自己的才華，怎樣好好地發揮？

我們都有無限的潛能，即使是後天學習而來，也都是我們獨有的才能，能朝著正確的方向去發展，你才能看見實力展現時的耀眼光芒。

每年國慶當天，在這個偏遠的小國中的婦女們，都必須在頭上戴上一朵缽羅花，為自己妝點出華貴美麗的形象。

然而，有個貧窮的婦人卻連一朵缽羅花都買不起，而疼愛她的丈夫雖然找遍整座山林，仍然找不到花朵可以為妻子佩戴。

面對這樣的窘況，妻子埋怨道：「你看，所有人都準備好花朵了，就唯獨我沒有，你實在太沒用了，我告訴你，如果你沒本事弄到一朵缽羅花來給我，我就要離開你了！」

男子一聽見這話，連忙著急地承諾：「親愛的，我一定會找到缽羅花的，請妳放心。」

害怕愛妻會離他遠去，男子苦思了一夜，最後居然把腦筋動到了皇宮中：「啊！國王御池裡不是種了很多缽羅花嗎？我可以到那裡偷摘啊！」

但旋即他又想到：「萬一被捉到了怎麼辦？啊！我不是會學鴛鴦叫嗎？被發現時，學鴛鴦叫幾聲，應該就能躲過了啊！」

於是，他等到夜深人靜時，偷偷地潛入國王的御池裡。

正當他準備行動時，忽然前方傳來一個聲音，原來是守池的人聽見水池裡有聲音：「是誰？誰在池子裡？」

男子被叫喊聲嚇著，居然不自覺地說：「我是鴛鴦！」

守池人一聽見人聲，連忙叫來其他人，立即將他拿下，並送交國王的面前治罪。這時，男子懊惱地連聲學著鴛鴦的聲音哀鳴著，守池人一聽，冷笑道：「沒想到你學得那麼像，只是，你剛才不叫，現在才叫有什麼用啊？」

這是收錄在《百喻經》裡非常有意思的一則小故事，在現實生活中，我們不就經常發現這類誤用才能的人。

每個人都有無限的潛能和天分，即使是後天才養成的，也都是我們走向未來的重要實力，怎樣才能充分運用，必須考慮到人事時空等因素。

然而，尋找機會發揮所長的時候，我們都要以這個故事爲警戒，隨時隨地謹慎地提醒自己：「你的才能一定會有發揮的空間，但是，千萬不要用錯了地方！」

11.

充滿活力，
就會激發自己的潛力

在每個人的身上，都有著這樣一個因子，

讓我們在失意時，可以支持我們重新站起，

讓我們在跌倒時，能再次振作起來。

商機來自獨特的創意

在諸多兵家必爭的機會裡，我們要如何才能獨占鰲頭，便要靠著獨特的創意，能看見別人沒有看見的商機。

追逐風潮是一件很危險的事，當你手中拿出來的競爭產品和別人沒有兩樣時，我們可以預知的是，你將和其他的人平分一塊餅，甚至有時候可能連一小塊都分不到。

人若是不適時改變自己的觀念和想法，只知道墨守成規，無異於把自己侷限於老舊的思維之中，無法適應環境和世事的變化，只會陷於困境的泥淖裡，永遠找不到自己新的出路。

一九八一年，英國王子查爾斯與黛安娜準備在倫敦舉行婚禮，據說這場婚禮將耗資十億英鎊。

消息傳開後，倫敦城內及英國各地的工商企業家，無不絞盡腦汁，希望能利用這個千載難逢的好機會大發利市。有人想出了在糖果盒上，印下王子和王妃的婚紗照片，也有人決定將婚紗照印製於紀念服裝上。

不過，當許多人把腦筋花在觀光紀念物品時，有位老闆卻別具慧眼，想出了「小望遠鏡」的商品。

為了想出這個與眾不同的東西，他努力思考著：「嗯，只要知道人們最需要的東西，那便是最賺錢的了，我一定要找出最賺錢的物品來，但是，什麼才是人們最需要的東西呢？在這盛大的新婚典禮上，我能做些什麼，才能讓所有人都感興趣呢？」

這天，他來到觀禮現場，走在觀眾區，開始想像當盛典開始時，廣場上一定擠滿了百萬以上的人，而且其中將有一大半的人，會因為距離太遠，而無法一睹王妃的風采與典禮盛況。

他思索著：「在這個情況下，人們此刻最需要的，是一枚紀念章或一盒印有王子和王妃照片的糖果嗎？還是，能夠讓他們清楚看見王子和王妃的廬山真面目，以及這場世紀婚禮的場面呢？」

「望遠鏡！」這位老闆的腦子裡忽然閃過了這三個字。於是，他即時生產了九十萬副小望遠鏡，並在婚禮當天提早來到會場販售。

那一天，正當成千上萬的人由於距離太遠，看不清王妃的麗容和典禮盛況，而急得跳腳時，突然，有許多小販出現在人群之中，並高喊著：「望遠鏡啊！一英鎊一個，花費一英鎊看婚禮盛典，絕對值得啊！快來買望遠鏡，這場世紀婚禮可是千載難逢啊！」

當望遠鏡的叫賣聲忽然響起，頃刻間，幾十萬副望遠鏡被搶購一空，而這位精明的老闆便在極短的時間裡大發一筆。

所謂的熱門，正意味著萬眾矚目，就像是一場NBA球賽、一位重量級男高

音的演唱會，總是會吸引眾人的目光。也由於它們是萬眾所矚目，所以在這些熱門事情發展的同時，許多人都會努力地抓住這些千載難逢的機會，希望能能搭著這樣千載難逢的機會，讓自己點石成金。

只是，由於事件本身具有一定的時效性，一旦事件結束，熱潮也立即退去，所以，想要藉著這類機會爲自己創造財富，就不能有一絲一毫的遲疑，更不能墨守成規。

於是，在諸多兵家必爭的機會裡，我們要如何才能獨占鰲頭，便要靠著獨特的創意，能看見別人沒有看見的商機，一如故事中的老闆。

善用生活中的零碎時間

如果我們一天能節省個十分鐘，一週下來便能多出一小時又十分鐘，一年大約有一百五十二個小時可以靈活運用的時間。

雷巴柯夫曾經如此寫道：「時間是個常數，但對勤奮者來說是個變數。那些用『分』來計算時間的人，比起用『時』來計算時間的人，時間多了五十九倍之多。」

短短的一分鐘，我們能做什麼事？

認眞的學生說他可以背一個英文單字，力爭上游的上班族說，他能用來思考老闆剛剛下的命令，英明的大老闆說，他會利用這個極短的空閒時間，思考並果

斷地決定下一步要往哪走。

卡爾・華爾德曾經是愛爾斯金的鋼琴教師，有一天，他正在指導愛爾斯金時，忽然問他：「你每天用多少時間練琴？」

愛爾斯金說：「每天四小時左右。」

卡爾點了點頭，接著又問：「那麼你每次練習的時間都是固定的嗎？」

愛爾斯金遲疑了一下說：「我是很想讓時間固定下來。」

沒想到卡爾卻說：「最好不要固定下來，因為，你以後的時間恐怕越來越零碎，不像現在那樣可以有那麼長的空閒時間。」

卡爾看著愛爾斯金有些困惑的臉，微笑著說：「你可以養成一種習慣，就是一有空閒就練，有幾分鐘就練習幾分鐘，不必將練習時間刻意地固定下來。像是上學之前或在午飯以後，或在工作的休息時間……等等，即使只有五分鐘，也要把握住這五分鐘。慢慢地，你將會習慣於零碎時間的運用，分散在一天內的練習時間，很快地便會成為你日常生活中雖然短暫，但是效果最好的關鍵時間。」

卡爾的這番話對十四歲的愛爾斯金來說，確實有些難懂，畢竟以他當時的情況來看，他的空閒時間實在太多了，沒有必要特地利用所謂的「零碎時間」來應用，所以對卡爾的忠告一點也沒有注意。

直到他出了社會後，這才體會到老師的生活體悟頗有道理，在貫徹執行後，更讓他得到了無限的生活助益。

有一年，愛爾斯金來到哥倫比亞大學教書，為了能兼職從事創作，想盡了方法，希望能空出更充足的時間來寫作。

然而，固定的上課時間，與改閱學生的考卷、報告和開會等固定的事情，幾乎把他白天和晚上的時間全都佔滿了。因此，開始教書的前兩個年，愛爾斯金連一個字都沒動。

每當知道他的夢想的人問他：「創作進展如何？」

他總是說：「我沒有時間啊！」

直到有一天，他翻開過去的琴譜時，突然想起了卡爾．華爾德先生告訴他的話：「多用零碎時間！」

接著，愛爾斯金改完考卷後，便立即找出稿紙，並在短短的五分鐘時間內，寫下了約一百字左右的句子。

的確，只要有了開始，一切就能照目標前進！

從此，愛爾斯金的文稿累積得越來越多，也終於完成了他的第一本長篇小說，儘管愛爾斯金的工作一天比一天繁重，但是他每天仍能找出可以利用的閒暇，即使只有一分鐘。

你一天有多少時間用在工作，又有多少時間是被分配來休息睡覺？扣除這些大塊分配的時間之後，其間零散空出的時間，你都怎麼運用？

曾經有位台大醫師這麼計算：「如果每個工作天能整理並節省下二個小時，那麼一週下來我們便累積出了十個小時，又一年下來，我們便能省下五百個小時，換句話說，我們的生產力便能提高百分之二十五了！」

看完醫師的分析，你是不是也覺得很可觀呢？

我們試著縮小單位，如果我們一天能節省個十分鐘，一週下來便能多出一小時又十分鐘的可利用時間，一年下來，我們大約有一百五十二個小時可以靈活運用的時間。

那麼，你還在抱怨時間不夠嗎？

仔細地算一算，你剛剛不經意浪費掉的發呆時間，算算你搭車時，漫無目標地東張西望的時間……然後我們將清楚發現，可以讓我們充分利用的時間，竟然那樣多。

不會掌握時間，就會被時間拋棄

我們不僅要知道行動的方向，更要能合理地分配時間，能夠捉住時間的韻律，我們才能舞出完美亮麗的人生舞步。

仔細地看著鐘擺左右晃動，是否有太快或過慢的擺動情況？

應該沒有這種情形吧！

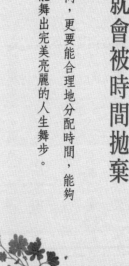

唯一會出現的狀況，應該是對於不懂運籌時間的人，鐘擺聲會變成催眠聲，讓人在渾渾噩噩中忘了把握時間。

那年，溫德爾．威爾基加入了美國總統大選的戰局，機智敏銳且才華出眾的他，被喻為兩黨歷年來所提名的總統候選人中，最具感召力的人選！

一九四〇年，威爾基與已經連任兩屆總統的富蘭克林．羅斯福，一同站上了總統大選的擂台，展開一場前所未有的競爭。

由於羅斯福已經連任二屆，而且在美國歷史上還沒有連任第三屆的紀錄，所以溫德爾想利用這個「常規」，削減羅斯福的參選氣勢，並加深選民對自己支持的力量。然而，就在種種有利情況都傾向於威爾基的同時，威爾基卻讓自己一再地錯失最好的時機。

由於，他與幕僚們在安排行程時，排入了過多的繁瑣事情，以致於宣傳政見時經常失焦，讓民眾看不清楚他將給予人民什麼樣的未來和希望。

更由於威爾基在分配任務時不知道輕重緩急，導致於整個團隊經常浪費有利的時機點，更失去了最有效的宣傳機會，即使他們努力地規劃了各種競選活動與宣傳，卻始終都是事倍功半。

例如，某一天，威爾基規劃了一項活動，乘坐著火車沿途停靠，並立即在現場發展演說，雖然有許多人被他的演講所感動，但是一天下來，他的體力負荷不

了，不僅聲音顯得沙啞，精神也變得越來越不濟。

選舉活動結束後，他趕往全國性的電台節目宣傳，原本可以有效地向上千百萬的人民宣傳政見，卻因為他的嗓子已受損，民眾根本無法從電台上聽見他到底能創造什麼樣的未來。

這是威爾基錯失良機最明顯的情況。他經常沒有弄清楚什麼才是最有效率與最好的機會，距離成功的目標也越來越遠了。

反觀羅斯福總統就不同了，儘管他行動不便且公務纏身，公開露面的機會少之又少，卻十分懂得捉住機會。

因為他知道：「有效的利用時間，並有效提高每一次發表政見時的宣傳效果，即使只有一次發表政見的機會也夠了！」

所以，當他出現在相同的電台裡發表演說時，那明亮且明確的政見宣示，不僅充分讓人民明白他的方向，更讓每個仔細聆聽的選民，相信他們所聽見的一切承諾！

於是，結果正如我們所看見的，羅斯福再次地拿下了美國總統寶座，並打破了歷年來任期不過三的傳統。

威爾基的失敗在於時間上分配不當，忽略了時間運用時，「質」比「量」更為重要，因為過度地分割、盲目使用時間，讓他無法在最好的時機表現自己，更錯失了最佳的宣傳時刻。

相反的，雖然羅斯福總統的時間比威爾基少，但是，他卻能把握住每一個最佳時刻，將自己心中的理念與未來目標明確表達出來。這不僅能讓人民更清楚他的訴求，也讓人民明確地知道他們所想要的。

時間與行動力有著親密關係，我們不僅要知道行動的方向，更要能合理地分配時間。就像音樂與舞步的搭配一般，能夠捉住時間的韻律，我們才能舞出完美亮麗的人生舞步。

「模稜兩可」也是一種說話技巧

以模稜兩可的方式來導言，這不僅能技巧性掩蓋對於眼前人物認知上的不足，也能避免掉不必要的誤謬。

在一般情況下，話語裡充滿了「模稜兩可」這四個字，代表著說話的人不夠誠懇，也不夠負責。

但是，如果換個角度來評斷，當我們爲了解決紛爭或突然的衝突時，模稜兩可的話語，反而能沖淡彼此緊張對立的氣氛。

在對立點模糊之後，我們不僅能找到整理情緒的空間，也能進一步讓彼此進退皆宜的有利空間。

喬治是美國一位著名的宴會祝詞專家，一生中參與過的宴席實在難以計數，當然，因為他的開場祝詞，而讓宴會圓滿達成的數量更是無法細數。

不過，在這麼多成功宴會中，有一場卻差點破壞了他的圓滿計劃。

那是一年一度的禁食節，原本在飯店裡休息的喬治，忽然被兩名惡棍強行帶走，強迫他去參加一場名為「約尹．史密斯」的黑道宴會。

喬治一聽到是幫派的宴會，立即拒絕道：「對不起，我不知道誰是史密斯先生，我不知道怎麼該撰寫他的祝詞啊！」

兩名小混混一聽，只說：「他是一個很重要的人物！」

在宴會廳上，喬治被架上了講席台，台下的客人們則正在開懷暢飲，熱鬧非凡。當喬治被架上台時，現場登時安靜了下來，全心等待這位著名的祝詞專家怎麼恭維他們的大哥。

喬治見狀更加緊張，深怕一不小心說錯了話讓自己小命不保。

喬治小心翼翼地問著身邊的人：「關於史密斯先生，我可以說些什麼？他又

有些什麼成就呢？」

台下的人答道：「你在幹什麼？你不是很聰明嗎？」

喬治緊張地吞嚥了一口水，接著又看著台下開始狂飲的大哥們，竟嚇得渾身發抖了起來。

最後，他用力地抽了一口剛剛接到手上的雪茄，吐出了一口煙後，便大聲地說：「各位，這將是我永生難忘的一場宴會！你們看看我，我真是愚笨啊！能參與你們的盛會，且能為偉大的史密斯先生的好好地表揚一番，那是一件多麼榮耀的事。大家想想，是誰渡過了德拉瓦河？又是誰解放了黑奴？是誰發明了電？又是誰戰勝了三凡山之役呢？也許，這些不是史密斯先生的功勞，但我知道，如果老天爺也給了他這樣的機會，他一定也能完成這些偉大的功績！你們說，是不是呢？謝謝！」

多數人習慣在模糊與直言之間，選擇一個絕對的溝通方法，而熟知我們的人確實也能體會其中的眞正含意，但是萬一遇上了不熟識我們性格的人呢？他們又是否能夠體會，在我們慣用的「絕對」中所隱含的本意呢？

就像故事中的喬治，習慣先了解背景與熟知表揚對象之後，再提出正確且直接的讚揚，所以當他被迫爲黑道大哥發表讚美詞時，因爲不熟悉人物背景，也無法確定當下的宴會屬性，因此他知道，如果選擇「直接陳述」，那必然埋伏著說錯話的危機。

所以，他以模稜兩可的方式來導言，不僅技巧性掩蓋他對於眼前人物認知上的不足，也避免掉不必要的誤謬；在避開了可能的言語誤解之後，他總算在這樣的非常場所中獲得「天助自助」的奧援。

培養生活樂趣，尋找生活創意

眼前事物是單調，還是創意無限，無法靠著事物本身的表現去獲得，因為，一切得發揮你我的積極想像。

西班牙作家伊巴涅斯曾經在他的著作裡寫道：「人的才能就在於使生活快樂，所謂的創意，就在於用燦爛的色彩，使陰暗的環境明亮，使生活中枯燥乏味的事物變得有趣。」

穿著一套T恤、短褲到沙灘上走走，等待大自然的自在與遼闊來開啓我們的心，然後，我們便能從中找到生活的樂趣，快樂地將生活中的喜怒哀樂事一一轉變爲生活創意的來源。

喬亞帶著孩子們正在沙灘上玩耍，忽然孩子們全來到喬亞身邊撒嬌：「爹地，快來和我們玩沙堆！」

為了滿足孩子們的要求，喬亞便加入了他們的堆沙堡行動。沙堡越堆越大，但是喬亞卻對這個沙堡的造型相當不滿意，他心想：「這個『建築物』看起來真醜，這個由一桶又一桶沙子堆起的物體，實在太平淡無奇了，一點樂趣與美感都沒有。」

喬亞在心中想像著，下星期還要再堆這種無聊的玩意兒，心中竟生起了一陣厭煩感。他想著：「如果，下星期還要跟孩子們花上好幾個小時剷沙土，那麼我就得想點花招和變化才行。」

於是，為了讓他手中的第二個沙堡更美更好，喬亞回到家後，便經常把自己關在屋裡，仔細研製一些裝沙的造型模子。

周末再次到來了，孩子們果然又要父親堆沙堡了。

喬亞朗聲回應一聲後，接著他便從包包裡拿出了各式模具，孩子們看見滿地形狀各異的彩色塑膠模型，都忍不住驚叫連連：「爹地，這是什麼啊？」或是：「爹地，你是不是要建造一座皇宮啊？」

孩子們好奇又興奮的聲音越來越高昂，而喬亞面對著孩子們的歡笑聲，只輕輕地回以一個微笑，接著便一邊專心地製作他心中的美麗沙堡，一邊則向好奇的孩子們介紹他所設計的這套沙堡的「施工設備」。

一個小時過去了，在他身邊聚集了越來越多的人，他們對於喬亞的工具與獨特的建築物都充滿了好奇與讚嘆。

幾個周末過去了，喬亞的工具越來越多，沙堡的造型也越來越多元、精緻。這天，他在做完新的沙堡後，忽然想到：「我這些創意工具應當與大家一起分享才對啊！」

於是，他下午便帶著自己的塑沙模型來到一間玩具公司。

他仔細地向老闆介紹這些工具的使用方法與樂趣，很快地，老闆也被吸引住了，立即說：「我們可以立即簽約，不過我有個條件，你必須不斷地開發出新的模具。」

喬亞聽到老闆的最後一個條件，忍不住停頓思考了一會兒，接著他說：「我很願意繼續研發玩具，但是以我目前的工作與生活情況，恐怕……」

玩具公司的老闆笑著打斷了他的話：「我明白，所以我希望你能只為我們公司工作，至於設計費用，只要你希望多少，我們便提供多少，如何？」

喬亞不敢相信地看著老闆，接著開心地點了點頭。

從此，人們便看見喬亞天天穿著短褲在沙灘玩耍，一切只為了世界各地的小朋友們，他要讓他們拿著各式各樣的沙堆玩具盡情玩耍。

莎士比亞曾經這麼說：「人的一生是短暫的，但如果渾渾噩噩過這短暫的一生，那就太漫長了。」

如果因爲生命短暫就迷迷糊糊混過，那就一點價值也沒有。想要讓自己的人生過得有價值，完全取決於我們用什麼態度來過這短暫的一生。

人生是快樂或痛苦，端視你看待生活的態度，只要善用當下每一刻的幸福，就能讓自己的人生變得更加精采。

站在相同的沙灘上，把玩著相同的海邊沙土，對你來說，眼前的沙灘有多少想像空間，有多少快樂感受呢？

站在沙灘上，爲何人們都無法暫拋遠方辦公室裡的文件，好好享受此刻的陽光、海洋呢？

眼前事物是單調，還是創意無限，無法靠著事物本身的表現去獲得，因爲，一切得發揮你我的積極想像。就像故事中的喬亞，小小的沙粒能有如此多元的變化，倚靠的正是他對生活的熱情與想像。

希望有眞正快樂的生活，就要爲生活找出更多的樂趣。當你與朋友們或孩子們一塊同樂時，不妨像喬亞般充分地釋放自己，並在玩樂中盡情想像、享受生活，才能從這樣的自在快樂的生活步調中，建構出屬於自己的美妙人生。

對幫助自己的人心存感激

某些人，總是將他人對他的好意視為「理應如此」，說不定有時反而還會斥責幫助他們的人來得太晚、給得太少呢！

對於曾經有恩於自己、協助過自己的人，我們要抱著感恩的心情，如果有機會，要儘量回報給對方。施者不必然會記住他對別人的恩惠，但受者理應銘記在心，並將這份善意繼續傳遞下去。

當然，在這個世界上，也存在著許多不盡如此的例子……

有一天晚上，一個財主和他忠心的長工在樹林裡漫步，突然間，迎面來了一

隻熊。財主剛叫喊了兩聲，就被熊撲倒在地；熊將財主壓在牠那龐大的身軀下，想挑個好地方飽餐一頓。

老財主被壓得哀叫連連，熊的爪子與尖牙就在他的面前不斷晃動，眼看他的性命就要結束了。

「潘若，仁慈的潘若，你可別見死不救啊！」從熊的身底下傳來財主可憐的求救聲，希望長工趕快幫他脫離險境。

年輕力壯的長工潘若運足全身力氣，掄起了手上的斧頭，將熊的腦袋劈成了兩半，隨後又用鋼叉刺穿了熊的肚子。

熊慘叫一聲，滾倒在地，嚥下了最後一口氣。

危機過去了，財主爬起來，拍拍身上的泥土，卻板起面孔，破口大罵他的救命恩人：「蠢才！你這個蠢才！」

被罵得一頭霧水，可憐的潘若呆呆地站在那兒，一臉無辜地問道：「這……這是怎麼回事，老爺？」

「蠢才，你還問？」財主呵斥道：「趁早收起你那傻笑吧！你怎麼把熊皮都毀了呢？你可知道這張熊皮值多少錢？」

在我們的社會當中只有很少數人，是像漂流荒島的魯賓遜或離群索居的隱士一般，僅靠自己一個人就可以生存在世上的。

絕大多數的人，必須倚靠彼此的分工合作與協助，在食、衣、住、行、育、樂各方面無不如此。

是的，我們都是靠著他人的幫助，才能擁有像現在這樣的生活。再進一步說，在我們的人生道路上，我們是否受到了許許多多曾經幫忙我們、協助我們的人的恩惠呢？

然而，故事裡這個受了長工救命之恩的財主，在脫險之後反而指責起長工的不是，像這樣令人不齒的嘴臉，恐怕我們並不會太陌生。

或許，我們都曾經遇到過某些這樣的人，總是將他人對他的好意視爲「理應如此」，不但毫不心虛地收下，說不定有時反而還會斥責幫助他們的人來得太晚、給得太少呢！

捫心想想，我們是否也曾經對他人的好意無動於衷、甚至漠視？我們是否曾經也對他人的關心或協助，當做是理所當然的付出？

世界上沒有這樣的「理所當然」！即使親如父母、夫妻、兄弟手足，我們都應該對他們給予自己的愛與關懷，心存無限感激。

充滿活力，就會激發自己的潛力

在每個人的身上，都有著這樣一個因子，讓我們在失意時，可以支持我們重新站起，讓我們在跌倒時，能再次振作起來。

從出生之日開始，你便是一個生命奇蹟，一代代傳承下來的生命本能，早已保存在你的身上。所以，不必擔心自己能力不足，因爲，只要你願意盡全力前進，你的潛能自然會展現出來！

曾經有個獵人在一座山林打獵時，捉到了一隻剛出生不久的小獅子。由於，獵人家裡是以畜牧羊隻維生，所以便將小獅子帶到羊群裡，由母羊們來餵哺牠。

日子一天天過去，在母羊照顧下，小獅子一天天地長大。小獅子出生不久後便離開母親，幾乎忘了獅子的本能，和羊群一起過著和平而舒適的生活，也一直以為自己是母羊的孩子，並且和其他小羊一樣，學會「咩咩咩」的叫聲。

然而，有一天黃昏，羊群們來到一條小河旁邊吃草，小獅子忽然有點口渴，便來到河邊，正準備俯身下去喝水。就在這個時候，牠卻看見河面居然出現了一隻獅子的身影，這隻獅子張大了嘴巴，好像要衝出河面，狠狠地咬牠一般。

這個情況把牠嚇得轉身就逃，一邊跑，還一邊大聲叫喊著，然而，正因為這麼一叫，卻也讓牠激出了震耳欲聾的吼叫天賦。與牠從小相處的小羊們，忽然看見平常生活在一起的兄弟，表現出那樣嚇人的氣勢，個個都驚慌奔逃，閃得遠遠的，似乎深怕被眼前這隻「大獅子」給吞了。

獅子這時也發現情況有異，回頭一看，發現剛剛那隻可怕的「獅子」並沒有追來，忽然意識到，方才的吼叫聲是源自於自己的嘴裡。牠決定鼓起勇氣，再次回到河邊，探看那個「身影」是否是自己的。

「啊！那隻凶猛的獅子竟是我的影子！」已經長大的小獅子，這才發現自己竟然是隻獅子。

忽然，遠方也響起了相同的「吼叫聲」。

原來，是牠的母親來尋找牠，就這樣，母獅與小獅子用旁人無法體會到的吼叫聲，找到了彼此，更讓小獅子重新找回了自己！

所謂的本能，其實正是一種潛能，那是延續生命時的重要繼承，在你我身上也都繼承著這樣的基因，至於能否發揮出來，端看繼承者是否肯向內在深處努力挖掘，肯不肯積極發揮。

在每個人的身上，都有著這樣一個因子，一個可以讓生命發光的因子，那是讓我們在失意時，可以支持我們重新站起的活力，也是讓我們在跌倒時，能再次振作的無限潛能。

別再懷疑自己的能力了，這份本能是與生俱來的，只要你能用積極樂觀的態度生活，你的生命便會隨時充滿活力，隨時可以看見，從自己身上散發出來的燦爛光芒。

讓「一小時」發揮最高的價值

多數人在計算行動時間時，總是以一天只花了多少小時來計算，卻忽略了「一個月的一天一小時」所累積出來的時間。

托．卡萊爾曾經寫道：「不敢追求改變的人，很快就會消沉，不敢追求改變的人生，是十分乏味的。」

只有改變心境才能改變自己的人生，只有改變現在才能改變未來；天底下絕對沒有不敢追求改變而能獲得成功的人，因爲，所有的成功，都是從勇敢接受不能改變的事情，以及改變不敢改變的事情開始。

人生有夢，築夢必須踏實，重要的並非你夢想成爲什麼，而是你該如何調整自己的心境，如何藉著心中的夢想，讓自己不斷向上躍昇。

奮鬥了大半人生的威爾福萊特，如今已是紡織業界的巨頭之一，平常工作十分繁忙的他，卻不時地說：「我要發展自己的興趣與愛好。」

有人好奇地問他，想發展什麼樣的興趣，他說：「一直以來，我很想學習畫畫，雖然我從未學過油畫，也不知道自己要花多少工夫才能學成，但是，我相信，只要我肯用心學習，就一定看得見成績。」

威爾福萊特向老師保證：「我既然要學了，就會盡全力學習，無論我工作多麼忙，每天都一定會抽出一小時來畫畫。」

只是，每天從早忙到晚的威爾福萊特，還有多少時間能練習呢？

威爾福萊特對朋友們這麼說：「只要減少一小時睡眠的時間就有了，為了保證這一小時不會受到任何干擾，我認為，每天清晨五點到六點這段時間，是最佳時間。」

聽見威爾福萊要特犧牲睡眠時間，家人們無不心疼地說：「為什麼要讓自己

那麼辛苦呢？」

威爾福萊特反倒是笑著說：「怎麼會辛苦呢？那一點也不算苦啊！當我一決定每天要在這一個小時裡學畫畫，你們知道嗎？每天清晨的這個時候，我的渴望和追求慾望便會把我喚醒，根本一點睡意都沒有了。」

幾年下來，威爾福萊特從來沒有一天間斷，即使再累也從未賴過一次床，他語氣堅定地說：「決定了，我就不會放過這一小時。」

不久，威爾福萊特收到了一個意外的通知，原來是某畫廊看中他的作品，特別邀請他參展。

這樣的機會，對他來說，無疑是一種肯定與鼓勵。

在此之後，威爾福萊特為自己舉辦了好幾場的個人畫展，其中有幾百幅畫作還被高價買走。

於是，他把這累積好幾個一小時所完成的畫作所得全數捐出，他說：「對我來說，這些錢並不算什麼，那只是我的一點點小收穫。我真正在意的，是從繪畫的過程中獲得的快樂和成就，這些才是最重要的。」

一個小時能做些什麼事？一分鐘能完成多少目標？多數人在計算行動時間時，總是以一天只花了多少小時來計算，卻忽略了「一個月的一天一小時」所累積出來的時間。

看見威爾福萊特的繪畫成就，我們當然不能以「一天一小時」來估算，而是要從他花費了好幾年的一天一小時來計算，經過仔細累計之後，相信我們也看見了威爾福萊特成功的必然性。

爲了增加行動力，我們可以告訴自己：「一天只有一個小時而已！」

爲了增加自信心，我們要告訴自己：「一天一個小時累積下來，我也走了不少路，那距離成功的目標肯定也會越來越近！」

凌雲編著

改變看事情的角度，就會找到更好的出路

與其抱怨，不如試著改變

哲學家叔本華曾經寫道：「喜歡抱怨的人，總是帶著有色的眼鏡看人生，把所有的快樂都看成不快樂，就好比美酒一到充滿膽汁的口中也會變苦一樣。」

面對失敗挫折，絕大多數人選擇抱怨和逃避，整天怪東怪西，怪別人、怪社會、怪命運、怪景氣，就是不肯靜下心來檢討自己。

帶著墨鏡看人生，人生當然一片黑暗。唯有放下怨懟的情緒，改變觀看事情的角度，人生才會豁然開朗。

生活良品

55

讓將來的你，感謝現在的自己

作　　者　向愷然
社　　長　陳維都
藝術總監　黃聖文
編輯總監　王郡凌
出 版 者　普天出版家族有限公司
新北市汐止區忠二街 6 巷 15 號
TEL / (02) 26435033 (代表號)
FAX / (02) 26486465
E-mail：asia.books@msa.hinet.net
http://www.popu.com.tw/
郵政劃撥 19091443 陳維都帳戶
總 經 銷　旭昇圖書有限公司
新北市中和區中山路二段 352 號 2F
TEL / (02) 22451480 (代表號)
FAX / (02) 22451479
E-mail：s1686688@ms31.hinet.net
法律顧問　西華律師事務所・黃憲男律師
電腦排版　巨新電腦排版有限公司
印製裝訂　久裕印刷事業有限公司
出 版 日　2022 (民 111) 年 8 月第 1 版
I S B N◎978-986-389-836-8　　條碼 9789863898368

國家圖書館出版品預行編目資料

讓將來的你，感謝現在的自己／
向愷然著.—第 1 版.—：新北市,普天出版
民 111.8 面； 公分. - (生活良品；55)
I S B N◎978-986-389-836-8 (平裝)

普天之下・盡是好書

普天出版家族
Popular Press Family

凌雲文創
A-Plus Creative Company